COSMOVISION
REFORMADA

2024 publicaciones Micaías.
Todos los derechos reservados.

Ninguna parte de este libro puede ser utilizada o reimpresa en ninguna forma sin el permiso escrito del editor, excepto en el caso de citas breves utilizadas en un artículo crítico o una reseña.

A menos que se indique lo contrario, las citas bíblicas fueron tomadas de la versión Reina Valera 1960.

publicaciones Micaías
209 Hillcrest Dr. Sparta IL. USA.
Sitio web: www.micaias.org
E-mail: contact@micaias.org
ISBN 979-8-89379-587-5

COSMOVISIÓN
REFORMADA
A FAVOR DE UNA CULTURA PIADOSA

David J. Engelsma

Contenido

Prólogo 3
Introducción 5
Cosmovisión 12
La Cosmovisión Reformada 20
    Es Bíblica 35
    Es gracia poderosa 39
    Es en honor a Cristo Jesús 42
    Es justa 48
    Es antitética 50
    Es peregrinaje 60
    Es ordinaria 62
    Es cultura piadosa 64
Parte 2 74
    La piedad y la reforma 74
Notas finales sobre la Cosmovisión Reformada 85

Prólogo

Los creyentes reformados no abogan por el huir, ni tampoco por la conformidad al mundo. ¿Cómo vivimos en el mundo sin ser del mundo?

Durante mucho tiempo, he pensado que las Iglesias Reformadas Protestantes (PRC) no han establecido una declaración completa, sistemática, y positiva de su creencia en relación con la cosmovisión y la cultura. Los autores han criticado repetida y completamente la cosmovisión de la gracia común y la cultura de Abraham Kuyper. Pero ha faltado una declaración positiva de la cosmovisión y la cultura que pertenecen a la fe y la vida reformada como está descrita en las confesiones reformadas. Una excepción es el panfleto de Herman Hoeksema, "La Vida Cristiana y La Cultura", que es, sin embargo, breve e incompleta.

Los ministros y maestros cristianos [de la PRC] siempre han enseñado la verdad de una cosmovisión distintivamente reformada y la realidad de una cultura auténticamente cristiana, a pesar de que los términos no fueron utilizados. La gente siempre ha poseído la cosmovisión reformada y ha vivido una cultura cristiana, incluso cuando eran ignorantes de estas palabras.

Sólo la declaración ha faltado.

La falta ha sido perjudicial. Los miembros de las Iglesias Reformadas Protestantes (PRC) han tendido a mirar con recelo la "vocación cultural" de los de la

Iglesia Cristiana Reformada (CRC) y a considerar el término "cultura" con sospecha. Los oponentes de las Iglesias Protestantes Reformadas han sido animados en acusarnos de "huir del mundo" (aunque ellos casi no necesitan este ánimo).

Una acusación por el Dr. Richard J. Mouw ocasionó la declaración positiva concerniente a la cosmovisión y la cultura que es el contenido de este libro. Él hizo la acusación en un debate público sobre la gracia común. La acusación era que la negación de la gracia común impide a la gente Reformada Protestante de ser tan activa en la sociedad como ellos deberían serlo. Mouw hizo la acusación en una parte del debate que impidió una respuesta en aquel momento.

Este pequeño libro es mi respuesta, no sólo a la más sutil y amable acusación del Dr. Mouw, sino también a la forma más severa de la acusación en contra de las Iglesias Reformadas Protestantes hecha por muchos en el pasado, y que aún es hecha por algunos hoy en día: "¡anabaptistas, huidores del mundo!"

La obra es, al mismo tiempo, al menos un primer esfuerzo de la confesión positiva, la explicación y defensa de una cosmovisión reformada que no debe nada a la gracia común.

"La cosmovisión reformada a favor de una cultura piadosa" apareció originalmente como un artículo en la edición de abril de 2005 del Periódico Teológico Reformado Protestante.

David Engelsma

Introducción

En el curso de un debate público en septiembre de 2003 sobre la gracia común y la cultura, el Dr. Richard J. Mouw acusó que los miembros de las Iglesias Reformadas Protestantes no son tan activos en la sociedad como los cristianos deberían ser.[1] La acusación de Mouw, aunque sutil en tono, era esencialmente la acusación que la comunidad reformada ha estado haciendo contra los miembros de las Iglesias Reformadas Protestantes desde el comienzo de las Iglesias Reformadas protestantes en 1924. Esta acusación es que, Debido a que las Iglesias Reformadas Protestantes niegan una gracia común de Dios tal como es enseñada por el teólogo reformado holandés, Abraham Kuyper, y tal como fue adoptada como dogma por la Iglesia Cristiana Reformada, los miembros de estas iglesias no son capaces de vivir una vida terrenal plena y activa en todos los ámbitos de la creación.[2] la expresión más dura de la acusación del Dr. Mouw en contra del pueblo Reformado Protestante es: "anabaptistas!". Los miembros de las Iglesias Reformadas Protestantes están acusados de huir del mundo. Ellos serían el equivalente a la comunidad reformada de los Amish o huteritas. debido a que una vida plena y activa en el mundo surge de una cosmovisión, o visión del mundo y de la vida, la acusación es que las Iglesias Reformadas Protestantes no tienen una cosmovisión.

Cosmovisión Reformada

La idea que prevalece en las Iglesias Reformadas (CRC) es simplemente esta: no hay gracia común, no hay cosmovisión.

Implícito en la acusación de que las Iglesias Reformadas Protestantes no tienen una cosmovisión y, por lo tanto, son culpables de huir del mundo, es la suposición de que la única cosmovisión posible para los cristianos reformados, incluso para todos los cristianos en general, es la cosmovisión de la gracia común. Este fue sin duda la afirmación de Kuyper en sus "Conferencias de Piedra (Stone Lectures)" en Princeton y en sus tres volúmenes sobre la gracia común, De Gemeene Gratie. Esta es la posición de Richard Mouw en el libro "*He Shines in all that is fair [El Brilla En Todo Lo Que Es Justo]*". Este es también el pensamiento, ampliamente, en los círculos evangélicos hoy. En la edición de agosto de 2004 de la revista "*Christianity Today*", el evangélico influyente Charles Colson comienza su artículo de "Página de contraportada" de la siguiente manera:

Hace algunas semanas exhorté a una junta de pastores para participar en batallas culturales de hoy en día, sobre todo para apoyar la Enmienda Federal del Matrimonio. Después, los pastores tenían muchas preguntas (pero también estaban confundidos). Uno de ellos preguntó: "Pero participar en la cultura de esta manera ¿no interfiere con el cumplimiento de la Gran Comisión? ¿No es este nuestro trabajo? (¿ganar gente *para Cristo?)" Que la gente todavía plantea esta pregunta me sorprendió. "Por supuesto que estamos llamados a cumplir la Gran Comisión", contesté. "Pero también estamos llamados a cumplir el mandato cultural". Los cristianos son agentes de la gracia salvífica de Dios (traer a otros a Cristo, Expliqué yo), pero también son agentes de su gracia común: sostener y renovar Su creación, defendiendo las instituciones creadas de la familia y la sociedad, criticando las falsas cosmovisiones.*3

La cosmovisión de la gracia común ideado por Abraham Kuyper hace poco más de cien años sostiene que, junto a su propósito de salvar a una iglesia en Jesucristo, Dios tiene otro propósito con la creación y la historia, a saber, el desarrollo de una cultura buena y piadosa, y que de la gloria a Dios. Dios lleva a cabo este propósito cultural con la creación y la historia al otorgar una cierta gracia sobre personas no regeneradas e incrédulas. Esta gracia común y cultural de Dios hace maravillas en los impíos. Se restringe el pecado en ellos de modo que ya no son totalmente depravados, que de lo contrario serían. Permite a estos hombres y mujeres, sin Cristo, sin Dios, llevar a cabo obras en la vida cotidiana y terrenal que son realmente buenas, y que agradan a Dios. Esto faculta a los impíos para construir una cultura, toda una forma de vida de una sociedad, o una nación, que glorifica a Dios.

Se supone que Dios da esta gracia cultural

también a su pueblo regenerado. Por lo tanto, se llama gracia común. Esta es una gracia de Dios que es común al elegido y al reprobado, a creyentes y no creyentes por igual. Según los defensores de la teoría, el creyente vive su vida en el mundo por el poder de la gracia común. Y con ella debe cooperar con los incrédulos en el desempeño de su tarea mutua de la construcción de una buena cultura que glorifica a Dios.

Kuyper y sus discípulos contemporáneos proponen la cosmovisión de la gracia común como la base de toda la vida de los cristianos en la tierra. En cuanto a su vida con Dios en la adoración, la oración, el estudio de la Biblia, y ser testigo, el cristiano vive y trabaja mediante la gracia especial y salvífica de Dios, la cual es particular, es decir, no compartida por el incrédulo. Pero con respecto a su día a día, la vida terrenal laboral, ser ciudadano de un país, y prójimo en la sociedad, él está llamado a vivir y trabajar mediante la gracia común. "La tercera relación fundamental" de un calvinista, además de las que el mantiene con Dios y el hombre, según Kuyper, es "la relación que tú tienes con el mundo". Esta relación se basa en, y está controlado por, "una gracia común" de Dios.[4]

A pesar de que la cosmovisión de la gracia común es ciertamente una cosmovisión y aunque es una cosmovisión adoptada y defendida por muchas personas reformadas, no es la cosmovisión reformada. Las alternativas no son la cosmovisión de la gracia común, o ninguna cosmovisión en absoluto, es decir, el huir del mundo. Particularmente, para cristianos reformados o calvinistas, las alternativas son la cosmovisión de la gracia común, o la cosmovisión de la soberana gracia particular, es decir, la cosmovisión de las confesiones reformadas.

La cuestión no es meramente teórica. Después de cien años, la cosmovisión de la gracia común ha demostrado ser un fracaso colosal. No ha producido una cultura cristiana en ningún lugar. Por el contrario, ha sido un caballo de Troya, o más apropiadamente un puente, para dejar entrar al mundo depravado a las iglesias, a las vidas de los que profesan ser cristianos reformados, y en especial a las escuelas cristianas.

Durante el mismo siglo, otros santos reformados han aceptado y practicado la cosmovisión genuinamente reformada de los credos reformados, a pesar de que estos creyentes reformados nunca hablaron de la cosmovisión, y aunque muchos de ellos eran ignorantes del término "cosmovisión", ellos tuvieron la cosmovisión genuinamente reformada en sus corazones. Esta cosmovisión envió a estos cristianos reformados al mundo, en todos los ámbitos de la creación, con fuerza para vivir la vida terrena para la gloria de Dios, mientras que los guardaba en contra de lo terrenal. Es hora de que esta cosmovisión genuinamente reformada sea explicada y defendida.

Hay otra razón para esta apología a favor de la

cosmovisión reformada. Tenemos el privilegio de vivir en este tiempo, ¡en los últimos tiempos! en donde la cosmovisión del soberano hombre autónomo ("Hombre" con "H" mayúscula porque el "Hombre" se ha hecho dios a sí mismo) sin piedad erradica todo vestigio del cristianismo de la civilización occidental y engatusa o coacciona a toda la vida humana en el culto y servicio del Hombre. Esta cosmovisión y su potente desarrollo son evidentes en la legalización del asesinato de los aún no nacidos y de los bebés en gestación y en la aceptación por parte de la sociedad y el estado de las perversiones de la sodomía y el lesbianismo. Como fue profetizado por Daniel 7:25, en su rebelión contra Dios esta cosmovisión piensa en cambiar todas las leyes de Dios el creador, incluyendo las leyes fundamentales reveladas en la naturaleza misma. La cosmovisión del Hombre deificado no tiene principios fijos, excepto el principio fijo de que lo que le da placer al Hombre incrédulo es correcto.

Andrew Hoffecker y Gary Scott Smith tienen razón al decir, "un tema domina la mente occidental desde la Ilustración, la autonomía. La autonomía ha reemplazado el Dios judeocristiano como la cuestión más importante de la cosmovisión".[5]

Contra esta agresiva cosmovisión de la soberanía del hombre se mantiene, y sólo puede mantenerse, el evangelio cristiano y la cosmovisión de la soberanía del Dios trino en Jesucristo.

David Engelsma

Hay de hecho una "guerra cultural", como Robert Bork,[6] J. Budziszewski,[7] Charles Colson,[8] y otros nos han contado, y una "guerra cultural" es un choque de cosmovisiones. Estas cosmovisiones no son las de los partidos Demócrata y Republicano. Tampoco son las cosmovisiones de los políticos liberales y políticos conservadores. Pero son la cosmovisión del espíritu del anticristo, el cual ya está en el mundo y producirá el hombre de pecado, de acuerdo con el apóstol en 2ª Tesalonicenses 2, y la cosmovisión que ve todas las cosas a la luz de la verdad de que Dios es Dios y que, en consecuencia, enmarca la vida del hombre y de la mujer de Dios.

Este último, que es el único capaz de resistir y demoler la cosmovisión del hombre autónomo, enfáticamente, no es la cosmovisión de la gracia común. La historia de los últimos cien años ha demostrado que la cosmovisión supuestamente cristiana de la gracia común es impotente ante el gigante de la cosmovisión del hombre autónomo. Debido a sus enseñanzas de una gracia de Dios en el mundo de los impíos y de un gran proyecto cultural del Espíritu de Dios entre los no regenerados, la cosmovisión de la gracia común ha abierto iglesias, escuelas, e individuos a la mente y las prácticas de la cosmovisión del hombre soberano. Esto es fatal.

La cosmovisión que resiste la fuerza invencible de la cosmovisión del hombre soberano y la destruye, es la cosmovisión de gracia particular, es decir, la cosmovisión de la fe reformada.

David Engelsma

Cosmovisión

Por cosmovisión, o visión del mundo y de la vida, se entiende una visión completa y unificada de toda la creación y de la historia a la luz, ya sea del conocimiento del trino, único, verdadero, y Dios vivo revelado en Jesucristo, o a la luz del rechazo incrédulo de este Dios. Este punto de vista de todas las cosas determina cómo uno vive la totalidad de su vida terrena en el mundo. El poder de la cosmovisión es que enmarca toda la vida de uno.

Esta comprensión de la cosmovisión es básicamente de acuerdo con la definición de los estudiosos de la cosmovisión. James Orr afirma que la cosmovisión denota "la visión más amplia en que la mente puede tomar las cosas en el esfuerzo por comprenderlas en conjuntos como un todo desde el punto de vista de una filosofía o teología en particular".[9] James Sire describe una cosmovisión como un "conjunto de presuposiciones (hipótesis que pueden ser ciertas, parcialmente ciertas o totalmente falsas) que mantenemos (consciente o inconscientemente, compatible o incompatible) sobre la composición básica de nuestro mundo".[10] En su reciente examen de la cosmovisión de la gracia común de Abraham Kuyper, Peter S. Heslam define la cosmovisión como un "conjunto de creencias que subyacen y forma a todo el pensamiento y la acción humana".[11]

La cosmovisión reformada es esa visión completa

Cosmovisión Reformada

y unificada de toda la creación y de la historia inherentes a la fe reformada. La fe reformada es el cuerpo de verdades bíblicas recuperadas y desarrolladas por la Reforma de la iglesia del siglo XVI, especialmente por el trabajo teológico de Juan Calvino. Esta fe está oficialmente y con autoridad expresada en los credos reformados, las tres formas de Unidad (Catecismo de Heidelberg, Confesión Belga, y Cánones de Dordt) y los estándares de Westminster (Confesión de Fe de Westminster, Catecismo Mayor de Westminster, y el Catecismo Menor de Westminster).

En estos credos, no hay doctrina de la gracia común de Dios, ni mucho menos de un gran propósito de Dios en la historia para crear una buena cultura por medio de hombres y mujeres reprobados impíos. La cosmovisión de la gracia común, que a estas alturas es una vaca sagrada en círculos reformados, no tiene base en los credos reformados, absolutamente ninguna. Esto por sí mismo es fatal para la cosmovisión de la gracia común. Tal aspecto importante del calvinismo como la cosmovisión suya sin duda debe tener alguna base en las confesiones del calvinismo. Pero tales bases en las confesiones son insuficientes. La única mención de la "gracia común" en las confesiones reformadas se atribuye a la enseñanza de los arminianos como un elemento esencial de su herejía de universalizar la gracia de Dios.[12]

En sus doctrinas fundamentales, las confesiones

reformadas destruyen los cimientos de la cosmovisión de la gracia común. Dios no tiene una actitud de tolerancia hacia los Impíos reprobados, que están fuera de Jesucristo en el tiempo y en la eternidad, sino una actitud de ira: "La ira de Dios está sobre aquellos que no creen este Evangelio".[13] El no regenerado no tiene la capacidad para llevar a cabo buenas obras, ya sea por naturaleza o por la gracia común, pero, como totalmente depravados, son totalmente incapaces de cualquier bien: "¿Estamos tan corrompidos que somos totalmente incapaces de hacer el bien, e inclinados a todo mal? Ciertamente; si no hemos sido regenerados por el Espíritu de Dios".[14] Cómo incluso los eruditos seculares están muy conscientes de que en lugar de enseñar una gracia común a todos los hombres sin excepción, las confesiones reformadas enseñan una gracia particular, discriminatoria, la gracia que tiene su origen en La Elección: "A todos aquellos a quienes Dios ha predestinado para vida, y a ellos solamente, le agradó en su tiempo señalado y aceptado, llamar eficazmente por su palabra y Espíritu, fuera del estado de pecado y muerte en que están por naturaleza, a la gracia y salvación por Jesucristo".[15]

La fe reformada, que es autoritativamente definida en las confesiones reformadas, no en las conferencias de Abraham Kuyper sobre el calvinismo, tiene una cosmovisión. Tiene su propia cosmovisión única. Kuyper tenía razón cuando afirmó que el calvinismo no es "una religión confinada al armario, la celda, o la iglesia"[16] y cuando negó que "el calvinismo representa un movimiento exclusivamente eclesiástico y dogmático".[17] Pero no había nada profundo, o novedoso, sobre estas observaciones del teólogo holandés. El calvinismo es el cristianismo puro de la Biblia y el cristianismo, obviamente, no se limita al armario, la celda, o la iglesia. Sólo hay que leer el libro de Proverbios y Efesios 4-6.

Una cosmovisión se compone de los siguientes elementos básicos. En primer lugar, cada cosmovisión se basa en una cierta creencia acerca de Dios y, a la luz de esta creencia fundamental acerca de Dios, en las creencias sobre el hombre, ella ve el mundo, el propósito de la vida humana, y el objetivo de todas las cosas. La creencia acerca de Dios es el punto de vista desde el cual la cosmovisión ve el mundo. Este punto de vista es el punto de partida incuestionable para una cosmovisión. La cuestión de la cosmovisión es teológica: "¿Quién es Dios?"

En segundo lugar, una cosmovisión reclama toda la realidad, toda la vida humana. Este es el caso de la cosmovisión de la Iglesia Católica Romana, de la cosmovisión del comunismo leninista/marxista y de la cosmovisión del Hombre autónomo, ahora reinando en el occidente.

En tercer lugar, una cosmovisión autoriza e insta a los hombres y las mujeres a vivir la vida terrena en todos sus aspectos energéticamente, entusiastamente, alegremente, y con esperanza, como una buena, honorable, vida útil. Es decir, la vida terrena es buena en la medida en que se vive según la cosmovisión adoptada.

En cuarto lugar, la cosmovisión tiene un sentido positivo para la cultura y para el uso y disfrute de los productos de la cultura. Por "cultura", un concepto muy difícil de precisar en un enunciado breve, podemos entender simplemente que es el trabajo del hombre con la creación, ya sea con la mente o el cuerpo; el desarrollo del hombre de la creación, incluyendo los propios dones y habilidades del hombre o la mujer; la producción de varios inventos del hombre para hacer la vida humana más fácil o más agradable; y el ordenamiento de la sociedad del hombre. La composición de una sinfonía de Mozart es cultura. El descubrimiento de los anestésicos, especialmente para su uso por los dentistas, es cultura. El ordenamiento de los Estados Unidos políticamente por los padres fundadores, es cultura. Pero también lo son el cultivo de los agricultores de su campo, la atención de la mujer de su casa, y el aprendizaje de los niños a leer, cultura.

La cosmovisión reformada, inherente en la fe expuesta en los credos ecuménicos y reformados, se caracteriza por todos estos elementos de cosmovisión. El punto de vista de la cosmovisión reformada es la fe dada por Dios, la cual recibe la Santa Escritura como la revelación propia de Dios de sí mismo, de su plan para la creación y la historia, y de su voluntad para con su pueblo elegido, redimido, y regenerado en el mundo.

En segundo lugar, la cosmovisión reformada imperiosamente reclama toda la realidad creada. Todas las cosas son nuestras, porque somos de Cristo y Cristo de Dios (1ª Corintios 3:22, 23). Puesto que Dios ha dado todas las cosas a Jesucristo resucitado, la declaración famosa de Abraham Kuyper, que Cristo reclama cada pulgada cuadrada de la creación, es cierto.

En tercer lugar, la cosmovisión reformada envía a sus discípulos a toda la vida terrena. Ella instruye a los cristianos reformados que su vida terrena es un llamamiento santo. En el mundo, en toda ordenanza humana, deben servir a su Dios. Jesús oró, no para que Dios llevara a los discípulos de Jesús "fuera del mundo", pero que en el mundo Dios "los guarde del mal" (Juan 17:15).

En cuarto lugar, la cosmovisión reformada no desprecia, rechaza, ni tampoco teme la cultura, es decir, todo tipo de actividad humana sobre la creación y sus recursos. La cosmovisión reformada requiere que odiemos, despreciemos y rechacemos la cultura corrupta de gente impía, como es el mandato de Juan 2: 15-17:

> No améis al mundo, ni las cosas que están en el mundo. Si alguno ama al mundo, el amor del Padre no está en él. Porque todo lo que hay en el mundo, los

deseos de la carne, los deseos de los ojos, y la vanagloria de la vida, no proviene del Padre, sino del mundo. Y el mundo pasa, y sus deseos; pero el que hace la voluntad de Dios permanece para siempre".

Al vivir la cosmovisión cristiana y reformada, uno odia y rechaza un concierto de música de lesbianas declaradas canturreando los placeres de la lujuria del homosexualismo; una película blasfímera representando los sufrimientos de Cristo; y las prácticas de negocio desleales que defraudan a los clientes, inversionistas y acreedores.

Pero la cosmovisión reformada llama a los creyentes reformados a cumplir con el mandato de Génesis 1:28 con entusiasmo, a subyugar la tierra, a tener dominio, y a aquel aspecto del mandato que muchos de sus defensores ruidosos tienden a ignorar e incluso rechazan: ser fructíferos y multiplicarse.

La cosmovisión reformada insiste en la obediencia al propósito del mandato cultural en Génesis 1:28: servir y glorificar al verdadero Dios, el creador del mundo y todas las cosas en él. El mandato cultural no es simplemente el mandato para gobernar y desarrollar la creación. El mandato cultural es la imposición divina para gobernar y desarrollar la creación terrestre en servicio y para la gloria de Dios. Sin este propósito, y haciendo caso omiso de ello, no hay cumplimiento del mandato cultural. Esto está convenientemente pasado por alto por muchos que subrayan el mandato cultural en nombre de una cosmovisión cristiana. Los réprobos, hombre o mujer impía no lo hace, no desea, y no puede cumplir con el mandato de Génesis 1:28, porque él o ella no puede subyugar, gobernar, y desarrollar la creación en servicio de Dios y para la gloria de Dios. Dios no está en todos sus pensamientos. Por lo tanto, él o ella no van a buscar a Dios (Salmo 10: 4). Debido a que no buscan a Dios en sus actividades culturales, incluso el pensamiento de los impíos, es pecado (Proverbios 21: 4). Los impíos, subyugan la tierra y tienen dominio en el servicio al diablo y su reino. *"Vosotros sois de vuestro padre el diablo, y los deseos de vuestro padre queréis hacer"* (Juan 8:44).

El único cumplimiento del mandato cultural es por medio del cristiano, que trabaja con la creación y vive en las ordenanzas de la creación por la fe en Cristo, en obediencia a la ley que rige la vida humana, y para la gloria de Dios.

David Engelsma

La Cosmovisión Reformada

Ahora, ¿qué es la cosmovisión Reformada? La idea reformada de toda la realidad creada es determinada y condicionada por el conocimiento de la fe Reformada de la Divinidad del trino, único y verdadero Dios vivo, que se revela en Jesucristo en el Evangelio de la Santa Escritura. James Orr ha dicho correctamente que "el postulado fundamental [de la visión cristiana del mundo] es un Dios santo autorrevelado y personal".[18]

Pues, aunque haya algunos que se llamen dioses, sea en el cielo, o en la tierra (como hay muchos dioses y muchos señores), para nosotros, sin embargo, sólo hay un Dios, el Padre, del cual proceden todas las cosas, y nosotros somos para él; y un Señor, Jesucristo, por medio del cual son todas las cosas, y nosotros por medio de él". (1ª Corintios 8: 5, 6).

Este Dios es verdaderamente Dios, así que su pueblo debe servirle en toda su vida. De hecho, todas las cosas le sirven, voluntaria o involuntariamente. La verdad del Dios soberano de la Escritura establece la cosmovisión reformada y la distingue de todas las demás cosmovisiones.

La cosmovisión reformada ve el mundo como creado por este Dios con el propósito de su propia gloria en su Hijo encarnado, Jesucristo. como la obra del buen Dios, la creación, el universo, es bueno. La caída en el pecado no hizo que la creación fuera mala. La caída corrompió la raza humana (Romanos 3: 9-13). Esto llevó a la maldición de la decadencia y la muerte en la creación terrenal (Génesis 3:17, 18). "Porque todo lo que Dios creó es bueno, y nada es de desecharse", el apóstol escribe en 1ª Timoteo 4: 4. La base de la bondad de toda criatura es su creación por Dios.

Después de haber creado todas las cosas, Dios sigue sosteniendo su creación, cuida de ella, y la gobierna por medio de su providencia. Providencia es poder; no es gracia. "Providencia [es] el poder omnipotente y omnipresente de Dios, mediante el cual, por Su mano, por así decirlo, El sostiene y gobierna el cielo, la tierra y todas las criaturas".[19] La Providencia mantiene a la creación en existencia después de la caída. La Providencia mantiene al hombre como un ser humano, no permite que se convierta en una bestia o un demonio. La Providencia conserva las ordenanzas de creación en la que los seres humanos viven sus vidas en la tierra: el matrimonio, la familia, el gobierno y el trabajo. El poder divino hace todo esto, no la gracia divina.

Sobre la base de la doctrina de la creación, que incluye la providencia, los reformados cristianos pueden vivir libremente y trabajar con la creación, usando y disfrutando de todas las diversas criaturas. Esta es la enseñanza del apóstol en 1ª Timoteo 4: 1 en adelante. La doctrina herética de que la vida cristiana consiste en la abstinencia del matrimonio y alimentos es refutada por la verdad de la creación de todas las cosas de Dios: (verso 3) *"que Dios creó para que con acción de gracias participasen de ellos los creyentes y los que han conocido la verdad"*.

Pero no puede ser pasado por alto, como muchos entusiastas defensores de la cosmovisión pasan por alto, que Dios hizo todas las cosas y ahora sostiene y gobierna todas las cosas por el bien de su gloria en Jesucristo.

Porque en él (en Jesucristo) fueron creadas todas las cosas, las que hay en los cielos y las que hay en la tierra, visibles e invisibles; sean tronos, sean dominios, sean principados, sean potestades; todo fue creado por medio de él y para él. Y él es antes de todas las cosas, y todas las cosas en él subsisten; y él es la cabeza del cuerpo que es la iglesia, él que es el principio, el primogénito de entre los muertos, para que en todo tenga la preeminencia; por cuanto agradó al Padre que en él habitase toda plenitud", (Colosenses 1: 16-19).

Una cultura vagamente caracterizada por "principios judeocristianos" no satisface a un cristiano reformado. Ciertamente no agrada a Dios. Dios demanda, y Dios lleva a cabo, una cultura caracterizada por el Espíritu de Cristo resucitado, una cultura cristiana, una vida y trabajo en y con la creación que abiertamente honra a Jesucristo como Señor.

A la luz de la Escritura y sobre la base de las

confesiones reformadas, la cosmovisión reformada considera a la raza humana como caída de su rectitud original por la desobediencia de Adán (Génesis 3; Romanos 5:12 en adelante). Fuera de Jesucristo, todos los seres humanos son totalmente depravados, en la esclavitud del pecado, espiritualmente muertos, y se rebelan contra Dios y su Cristo (Efesios 2: 1-3; Cánones de Dort, encabezados III, IV / 1-5). Como castigo divino, la muerte ahora destruye cada hombre, mujer y niño, y la maldición recae pesadamente sobre una creación gimiente (Génesis 3: 16-19; Romanos 6:23; 8: 19-22.).

Toda posibilidad de una buena y piadosa cultura a través de seres humanos caídos no regenerados es truncada. La esperanza de la humanidad incrédula de que, a través de sus propios esfuerzos, y con la ayuda del proceso natural de la evolución, su raza y su hogar en la tierra se convertirán en un mundo de paz y prosperidad, es ilusoria. El Dios justo maldice al culpable pecador y a su cultura. Este es el mensaje de Eclesiastés: "Vanidad de vanidades, todo es vanidad". Este es también el mensaje de la historia.

El conocimiento de la caída de la raza humana en el pecado y la voluntaria servidumbre a Satanás advierte a los cristianos reformados que deben esperar oposición y la guerra, en cuanto que ellos dedican sus vidas al servicio del Dios y Padre de Jesucristo. Los impíos, los odian. La cultura de los impíos se opone a la cultura de los piadosos. En Jesucristo, "la luz vino al mundo" a través de la vida santa de los santos, y los hombres y mujeres de la oscuridad odian la luz (Juan 3:19 y 20).

La cosmovisión reformada entiende que, llevando a cabo su propósito original con la creación, Dios redime una iglesia elegida de la raza caída por la muerte expiatoria de Jesucristo. La obra de la redención incluye la renovación de los elegidos por la gracia del Espíritu de Cristo para que ellos amen, obedezcan y sirvan a Dios. Este es el comienzo del cumplimiento del mandato cultural de Génesis 1:28. Esto es la posibilidad de una buena cultura, agradable a Dios.

En un libro que es ampliamente considerado como un clásico de la relación de Cristo y la cultura, H. Richard Niebuhr afirmaba que Cristo es el "transformador de la cultura".

El movimiento de la vida. . . saliendo de Jesucristo es un movimiento vertical, el levantamiento de las almas, obras y pensamientos de los hombres en un poderoso resurgimiento de adoración y glorificación de Aquel que los atrae hacia sí mismo. Esto es lo que la cultura humana podría ser, una vida humana transformada en y para la gloria de Dios.[20]

Niebuhr estaba en lo correcto. Lo que Niebuhr ignoraba era que Cristo es el transformador de la cultura en la vida y los hechos de su renovado pueblo elegido, —exclusivamente en las vidas de sus elegidos—. Niebuhr ignoraba esto, porque Niebuhr negaba la predestinación. Haciendo caso omiso de esto, Niebuhr estaba profundamente equivocado en su afirmación de que Cristo es el transformador de la cultura. Cristo no es, y nunca será, el transformador de la cultura general de la raza humana universal.

Debido a que el propósito de Dios con la redención de la nueva raza humana, compuesta por los elegidos en todas las naciones, no es sólo la salvación de ellos, sino también Su gloria a través de las vidas de ellos, Dios manda a los Santos regenerados a todas las instituciones y esferas de la vida terrena, para vivir, trabajar, y jugar para la alabanza de Dios.

La vida cristiana no es retirarse de la creación ni la abstinencia del uso y disfrute de las criaturas tanto como sea posible. Huir del mundo está prohibido. Huir del mundo es pecado. La voluntad de Cristo para aquellos que el Padre le ha dado no es que salgan del mundo, incluso si esto fuera posible, pero que en el mundo ellos sean guardados del mal (Juan 17:15). Pablo condena la teoría y la práctica religiosa de huir del mundo como la "doctrina de demonios" (1ª Timoteo 4:1). En su dura acusación contra el ascetismo y la huida del mundo en 1ª Timoteo 4: 1b, El apóstol expone la raíz de esta idea errónea de la naturaleza de la vida de los cristianos en el mundo. El huir del mundo supone que la realidad material es inherentemente mala, negando así la doctrina bíblica de la creación. Además, huir del mundo malentiende la voluntad de Dios para la vida cristiana: en el mundo, pero no del mundo. El propósito de Dios es que la luz de su propia verdad y santidad brille más intensamente en marcado contraste con la oscuridad de la falsedad y la depravación del mundo malvado.

La cosmovisión reformada, convencida de la bondad de la creación y obediente a la voluntad de Dios, llama a cada creyente reformado y a los hijos de los creyentes a una vida terrena plena y activa, en la casa y la familia; por lo general en el matrimonio; en las escuelas; en el trabajo y los negocios; en la iglesia; y en el estado. Al mismo tiempo, esta cosmovisión libera al Cristiano Reformado para utilizar y disfrutar de las diversas criaturas, para beneficiarse de los productos culturales de los impíos que son utilizables, para trabajar con y desarrollar todos los aspectos de la creación, y para desarrollar sus propias habilidades naturales y espirituales, todo en el servicio del Señor y Cristo y para la gloria del Dios trino.

Este fue el mensaje de la Reforma, que vio toda la vida en la tierra como una "vocación", un llamamiento sagrado. Esta es la enseñanza de las partes prácticas de todas las epístolas del Nuevo Testamento, por ejemplo, Efesios 4-6 y I Pedro 2: 11, 5: 14. *"Negociad entre tanto que vengo"* es el mandato del Señor Jesús a sus discípulos en el tiempo entre su ida a un país lejano y su regreso para llevar a cabo el juicio de sus sirvientes, *"para saber lo que*

Cosmovisión Reformada

había negociado cada uno". (Lucas 19: 11-27).
Huir del mundo es una amenaza constante para los cristianos de todas las épocas. Es especialmente peligroso cuando, como en nuestros días, la iglesia visible se vuelve completamente mundana. Entonces, en especial, las personas más espirituales y piadosas se ven tentadas a huir físicamente de la sociedad. Frente a esta tentación, la verdadera iglesia debe advertir. Pero el huir del mundo nunca ha sido, ni es ahora, la doctrina y la práctica de las Iglesias Protestantes Reformadas de América. La implicación, o agenda oculta, de la negación de la gracia común no es huir del mundo.

La acusación contra la negación de la Iglesia Protestante Reformada de la gracia común que se traduce como huir del mundo, de forma "Anabaptista" huir del mundo, es falsa. Esta acusación se ha balanceado en contra de las Iglesias Reformadas protestantes desde el principio de su historia en la controversia de la gracia común en la Iglesia Cristiana Reformada (CRC) a principios de 1920. Una de las tácticas favoritas de los de la CRC, oponentes de Herman Hoeksema, era el de tacharlo como un anabaptista moderno, defensor del huir del mundo. En 1922 el teólogo de la CRC Ene Karel Van Baalen advirtió a la Iglesia Cristiana Reformada de que, en la controversia sobre la gracia común, ella permaneció de pie "en la víspera de la lucha más importante de la que ella aún no había conocido, es decir, la lucha entre el calvinismo y el anabaptismo".²¹ Van Baalen aseveró que "la negación de la gracia común es anabaptista".²²

Hoeksema consideró la acusación como meros "insultos personales". Él los repudió.

¿Dónde se ha oído a nosotros defender que hay que abandonar las diversas instituciones de la sociedad, que no podamos ocupar ningún cargo en el gobierno, o que no podamos entrar en ninguna guerra? Exactamente lo opuesto es nuestra concepción. Nosotros precisamente no vamos a salir del mundo. Es exactamente nuestro propósito el de no abandonar ninguna esfera de la vida. Hemos llamado exactamente al pueblo de Dios a ocupar la totalidad de la vida. Sin embargo, es nuestra voluntad que este pueblo del Señor, Su pueblo del pacto, en ningún ámbito de la vida desampare o niegue a su Dios. Que el pueblo es llamado, en todos los ámbitos, a vivir por gracia, por la gracia a través de la cual ellos son implantados en Cristo y aman a Dios, de modo que guarden Sus mandamientos.

Hoeksema añadió:

Por lo tanto, "Huir del mundo" no es aplicable a nosotros, como usted mismo ahora estará de acuerdo, hermano [Van Baalen]. Si "mundo" se entiende en el sentido de la "naturaleza", entonces usted verá muy bien que nosotros no separamos la naturaleza y la gracia, pero queremos vivir a través de la gracia en todos los lugares. Y si "mundo" se entiende en el

Cosmovisión Reformada

sentido del mal, entonces no nos damos a la fuga, sino más bien peleamos la buena batalla hasta el final, de modo que nadie puede tomar nuestra corona.[23]

En un trabajo muy posterior, Hoeksema describió su propia cosmovisión, a la que llamó "visión de la vida", con más detalle.

> *Y este pueblo de Dios tiene su propia visión de la vida en lo que respecta a todas las esferas de la vida y de todas las instituciones del mundo. El hogar es una institución existente principalmente para la perpetuación del pacto de Dios en el mundo. La escuela es una institución con el propósito de instruir a los hijos del pacto de acuerdo con los principios de la Sagrada Escritura en todos los ámbitos de la vida. La sociedad, con negocios e industria, ciencia y arte, y todas las cosas que existen, deben ... de ser controladas por los principios de la Palabra de Dios y ponerlas al servicio de la idea del reino de Dios en el mundo. En una palabra, ellos tienen una nueva visión de la vida. Son miembros del pacto de Dios, sus amigos en el mundo, súbditos de su reino. Y, al menos en principio, ellos quieren vivir la vida de ese reino también en el mundo presente.* [24]

Las vidas de los miembros de las Iglesias Protestantes Reformadas desmienten la acusación de que su negación de la gracia común fomenta el huir del mundo. Los Reformados Protestantes no montan en carruajes tirados por caballos; las mujeres no se visten de negro; no viven en comunas; no se abstienen de la buena comida o bebida o cualquier otro placer terrenal lícito; no rechazan la tecnología moderna; no evitan la educación; no prohíben la participación en el gobierno civil; no prohíben que trabajen en las diversas profesiones. En resumen, las Iglesias Reformadas Protestantes no conciben la vida cristiana como sentarse "met een boekje in een hoekje ('con un pequeño libro [religioso] en un pequeño rincón)". Por el contrario, por la Palabra de Dios estas Iglesias llaman a todos sus miembros a una vida terrena plena, rica, viva, santa en todas las ordenanzas y todas las esferas de la creación. Este llamado es parte de la redención de Cristo por Su pueblo.

Este es otro aspecto importante de la cosmovisión reformada que promete la victoria a los cristianos reformados y sus vidas obedientes en el mundo. Cada cosmovisión anima a sus discípulos con la perspectiva de la victoria futura. Todo el que vive y lucha por la cosmovisión reformada vivirá y reinará con Jesucristo en el nuevo mundo (Catecismo de Heidelberg, P. 32). La causa de la fe reformada, que es simplemente el reino de Dios en Jesucristo, conquistará todos los reinos rivales del hombre y se establecerá triunfante en toda la creación (Salmo 72; Daniel 2: 1-45; Apocalipsis 21 y 22). La creación misma será renovada como un nuevo cielo y una nueva tierra en la que la justicia predicada y practicada por la fe reformada habitará (Romanos 8: 19-22; 2ª Pedro 3:13).

Cosmovisión Reformada

La cosmovisión reformada, que debe luchar y soportar el reproche a lo largo del presente siglo, tendrá esta victoria perfecta, no en la historia, sino como el objetivo de la historia, en el día de Jesucristo. Ya en esta época, la cosmovisión Reformada es victoriosa en la adoración pura, la confesión sana, y la vida santa de la iglesia verdadera, como en la fidelidad de los creyentes y sus hijos a Jesucristo su Señor. Esta es una victoria espiritual.

Pero esta cosmovisión no diluye a sus confesores y practicantes con la promesa de una victoria carnal en la historia. La fe reformada siempre ha condenado como ilusoria el "sueño judío" de una edad de oro en la historia durante el cual el mundo es "cristianizado" y los políticos reformados en Amsterdam; o teólogos presbiterianos en Vallecito, California, Tyler, Texas, o Moscow, Idaho; o los filósofos reformacionales en Toronto, Ontario, Canadá gobiernen a la humanidad. La Segunda Confesión Helvética expresa la convicción reformada respecto a la enseñanza de una victoria carnal del reino de Cristo en la historia.

Además, desechamos los sueños judíos, según los cuales precederá al Día del Juicio una edad de oro en la que los piadosos, una vez arrojados sus impíos enemigos, serán dueños de los reinos de este mundo. Pero la verdad conforme a los Evangelios y la doctrina apostólica es completamente diferente: Mateo 24 y 25; Lucas 18; y también 2ª Tesalonicenses 2 y 2ª Timoteo 3 y 4. [25]

La fe reformada mantiene una escatología amilenial. El mismo capítulo de la Segunda Confesión Helvética que condena a la noción de una edad de oro como nada más que "sueños judíos" también advierte a los cristianos reformados sobre la apostasía, la persecución y la venida del Anticristo en el futuro.

Pero desde los cielos volverá de nuevo para el Juicio: Entonces es cuando la maldad en el mundo habrá llegado a su apogeo, y el Anticristo, después de haber destruido la verdadera fe e inundado todo de superstición e impiedad, habrá asolado la Iglesia a sangre y fuego (Daniel 11). Pero Cristo volverá para ayudar a los suyos, aniquilará con su venida al Anticristo y juzgará a los vivos y a los muertos (Hechos 17:31).[26]

La cosmovisión de la gracia común intoxica a los que inhalan sus vapores con la perspectiva de un vertiginoso triunfo terrenal del reino de Dios por la creación de una buena cultura piadosa en la historia. Charles Colson cree que la cooperación de los evangélicos y católicos en la construcción de una cultura informada por una visión bíblica del mundo puede todavía, por el poder de la gracia común, ganar las guerras de la cultura y redimir la cultura. Frente al pesimismo que llega a la conclusión de que los evangélicos han perdido la guerra cultural, Colson es optimista.

El nuevo milenio es un tiempo para que los cristianos celebren, para aumentar nuestra confianza, para sonar las trompetas, y para izar la Bandera en lo alto. Este es el momento de hacer una prueba convincente de que el cristianismo ofrece la esperanza más racional y realista tanto para la redención personal y la renovación social.[27]

Richard Mouw es más cauteloso sobre las posibilidades de la gracia común como constructora de la cultura. Pero él también insta a la cosmovisión de la gracia común entre todas las iglesias y los cristianos profesos con la esperanza de lograr cosas grandes, buenas y piadosas en la vida de la sociedad. Un ejercicio agresivo de "Los ministerios de la gracia común" promoverá "el bienestar, el shalom, de la comunidad humana".[28] De esta manera, los cristianos son agentes de una de las "metas del reino" de Dios en la historia.[29]

Abraham Kuyper, aunque él era un sobrio amilenialista en su dogmática, se convirtió en un postmilenialista delirante en su defensa de la cosmovisión de la gracia común. La cooperación de los creyentes y no creyentes en la construcción de una buena cultura de la gracia común dará lugar a la "cristianización" de las naciones, si no es que también del mundo. La tarea de la "iglesia como organismo" es nada menos que "la transformación de la sociedad humana poniéndolo en armonía con los conocimientos proporcionados por la fe cristiana. Kuyper puso en la mira ... el fomentar ... la cristianización de la sociedad

David Engelsma

... La cristianización de la sociedad implicaría traer todos los aspectos de la vida humana en conformidad con los principios cristianos".[30] La esperanza de la cosmovisión de la gracia común, un postmilenialismo incipiente, es vano. El reino de Cristo es espiritual, no carnal. Su victoria en la historia es una victoria espiritual en la recolección y preservación de la iglesia y en la salvación de los elegidos, que incluye sus vidas santas en todas las ordenanzas y las esferas de la creación. La perfección de su victoria, cuando todos los enemigos serán destruidos y los santos reinarán con Cristo sobre la creación renovada, "la verdadera edad de oro", espera el fin de la historia, en la venida de Jesucristo. Esta realidad, y no un sueño postmilenial, es la perspectiva de una victoria que sostiene y anima a los que están comprometidos con la cosmovisión reformada.[31]

En la cosmovisión reformada descrito arriba, ¿qué es lo que falta para que el cristiano Reformado sea obstaculizado de vivir una vida plena y activa en todos los ámbitos de la creación?

¿Qué pasa con esta cosmovisión, la cual no es otra cosa que la fe y la vida de la religión cristiana, para que merezca la acusación dura de "Huir del mundo"?

¿Qué están los cristianos llamados a hacer en el mundo, que ellos estén prohibidos de hacer por esta cosmovisión reformada?

A medida que la cosmovisión inherente a la fe

35

reformada, cuyo distintivo es la predestinación, como todo el mundo sabe, esta cosmovisión es una cosmovisión, no de la gracia común, pero de la gracia especial. Es una cosmovisión en armonía con, sobre la base de, y capacitado por la gracia salvadora de Dios en Jesucristo otorgado a creyentes elegidos y sus hijos, y sobre ellos únicamente. Esta cosmovisión tiene características distintivas.

Es Bíblica

La cosmovisión Reformada es bíblica, no filosófica y especulativa, o emocional. La cosmovisión de la gracia común de las Conferencias de Kuyper sobre el calvinismo es altamente filosófica y especulativa. Carece de todo fundamento bíblico y exposición. De hecho, casi no hay mención de la Escritura. Kuyper saco la cosmovisión de la gracia común de su mente fértil, una mente inclinada hacia el poder político e influencia en los Países Bajos.

En el libro de Mouw "El brilla en todo lo que es justo", la cosmovisión de la gracia común es emocional, así como también es filosófica y especulativa. Su origen no es la enseñanza de las Escrituras, pero los sentimientos de Richard Mouw: Su aprobación de muchas de las obras de los impíos; su empatía por el sufrimiento y la alegría de los impíos; y su deseo de cooperar con los incrédulos "decentes" en la creación de una cultura de justicia y paz.[32]

Particularmente con respecto a su principio fundamental de la construcción de una buena, e incluso piadosa, cultura a través de una gracia de Dios compartida por cristianos y no cristianos, la cosmovisión de la gracia común es clara, notoria, absurdamente no bíblica. La Biblia no enseña un trabajo formador de cultura por parte de Dios en el mundo de los impíos. La Biblia no tiene nada que ver con una obra de gracia en la sociedad de hombres y mujeres que

odian a Dios y su hijo Jesucristo que resulte en una cultura que es buena y agradable a Dios.
Por el contrario.
Dios destruyó el mundo de los impíos con toda su impresionante cultura Cainita en el diluvio (Génesis 4: 16-24; 6-8).
La gran obra cultural de la humanidad después del diluvio fue la Torre de Babel. Este gran logro de la simiente de la serpiente, Dios la odió y la destruyó (Génesis 11: 1-9).
Las grandes civilizaciones e impresionantes culturas aparecieron en la época del Antiguo Testamento y son reconocidas en Las Escrituras del Antiguo Testamento: Egipto, Asiria, Babilonia, Tiro, y otras. Los profetas no las admiraban, pero ellos las condenaban por su idolatría e injusticia. Piense en la gran imagen de Nabucodonosor que representa las cuatro potencias mundialmente poderosas y espléndidas civilizaciones en Daniel 2. La pequeña piedra de Dios (el reino del Mesías) echa por tierra los cuatro reinos mundiales. Contra la altamente civilizada Tiro, el profeta pronunció la aflicción divina en Ezequiel capítulos 26 al 28.
La única cultura que Jehová aprobó en el tiempo del Antiguo Testamento era la de Israel, en la medida en que ella era piadosa, y de esa forma de vida nacional y social fue el producto de la gracia salvadora.
¿Dónde en el Nuevo Testamento existe una pista,

incluso tanto como una sugerencia, de una obra cultural positiva de Dios a través de su gracia entre los hombres y las mujeres impíos, o de un llamado de la iglesia a cooperar con los incrédulos en la construcción de una buena cultura agradable a Dios? Acerca de las civilizaciones idólatras de Grecia y Roma, la "gloria que era Grecia", sobre la cual los profesores Universitarios Reformados suspiran y se desmayan, Romanos 1: 18 en adelante afirma que la ira de Dios cayó sobre ellos, dando a la gente a una mente reprobada, para que ellos estuvieran llenos de deseos sexuales perversos y practicasen la sodomía y el lesbianismo.

En Apocalipsis 18, el último apóstol reconoce la civilización maravillosa y notable cultura de la humanidad al fin del tiempo (una "gran ciudad" de riqueza y el lujo, de la industria y comercio, de la música y las invenciones). El reconoce esta civilización y cultura, pide al lector de Apocalipsis 18 a reconocerlo, y después pronuncia la destrucción de la gran Babilonia, y se regocija por su destrucción.

Dios no se complace en construir una cultura por medio de los impíos. Él tiene el placer de destruir la cultura de los pecadores.

Una cultura y sólo una cultura, agrada a Dios: La manera piadosa de vivir, espiritual y terrena, de la nación santa, la ciudad de Dios, es decir, la iglesia. Esto le agrada, porque esta forma de vida es su propia obra por el Espíritu y la gracia de Jesucristo. La realidad de esta cultura, la forma de la construcción de esta cultura, y la forma de vida de esta cultura son la enseñanza bíblica sobre la vida santificada de la iglesia y de la vida santa de los creyentes y sus hijos en el mundo.

Es gracia poderosa

Una segunda característica distintiva de la cosmovisión reformada de la gracia particular es su requisito de que los creyentes y sus hijos vivan sus vidas en la tierra en el poder del Espíritu de Jesucristo y de la gracia poderosa que tiene su fuente en el encarnado, crucificado y resucitado Hijo de Dios. El cristiano trabaja en el campo o en la fábrica, tiene un negocio, estudia en la escuela, lleva a cabo investigaciones, hace o escucha música y come y bebe por la misma gracia que le faculta para adorar, confesar, orar, y dar testimonio a su vecino. La única facultad y posibilidad de una vida terrena que agrada a Dios y que contribuye a una buena cultura es la vida de Jesucristo resucitado, que se recibe por fe en él. La exhortación urgente de la Biblia es: "¡Vivir para Cristo! ¡Caminar en Su Espíritu! ¡Hacedlo todo en el nombre de Jesucristo!".

El cristiano no puede y no debe llevar a cabo su cosmovisión, o el ejercicio de su labor cultural, por el poder de alguna otra gracia, por alguna gracia común. Esto, sin embargo, es lo que enseña la cosmovisión de la gracia común. Abraham Kuyper escribió: "Y por lo tanto ahora es uno y el mismo hombre que disfruta de la gracia común de Dios en la vida de la sociedad y la gracia especial de Dios en la esfera sagrada".[33] En la iglesia vivimos por el poder del Espíritu de Jesucristo y de la gracia salvífica; durante toda la semana, vivimos y trabajamos por el poder de otra gracia, "gracia común".

El proponer otro poder, otra gracia, que el poder de la gracia de Dios en Cristo para la vida de los cristianos en la sociedad es el intento de asesinato de la vida cristiana, nada menos.

El intento de ellos de vivir y trabajar en el mundo a través de la gracia común da una gran ventaja para explicar por qué los que practican la cosmovisión de la gracia común invariablemente se convierten totalmente mundanos. Ellos están tratando de vivir a través de un poder erróneo y totalmente inadecuado, como si un soldado fuera a la guerra con una pistola de agua, en lugar de una ametralladora, o como si se vistiera con una bata de dormir, en lugar de una armadura. Son vulnerables a la influencia destructiva del mundo malvado.

Ni la Escritura ni las confesiones reformadas atribuyen el llamado de los cristianos a vivir una vida completamente terrenal, o el poder para llevar a cabo este llamado, a una gracia común de Dios, sino a la gracia salvadora de Jesucristo. Es como los que han aprendido acerca de Cristo y que son renovados por el Espíritu de Cristo, de modo que sean hombres y mujeres nuevos en Cristo, que los cristianos de Éfeso sean veraces con los vecinos; que trabajen fielmente en alguna vocación terrena; que sean amables unos con otros; evitar impurezas sexuales; que se abstengan de embriaguez y parrandas; que honren el matrimonio y la familia; y que sean activos en el ámbito del trabajo y de los negocios, ya sea como empleador o empleado (Efesios 4:17 y 6:9).

En la explicación de la ley de Dios y de la oración modelo que es la tercera parte del Catecismo de Heidelberg, el Catecismo sin duda llama al creyente reformado a vivir una vida plena y activa en el mundo. Esta vida incluye el correcto culto público en la iglesia; la sumisión a los magistrados civiles; un comportamiento honorable en el matrimonio y la familia; el trato honesto en los negocios; y una conducta impecable con todos los vecinos de uno en la sociedad. a través de esta vida, uno busca y promueve la venida del reino de Dios en Jesucristo (Catecismo de Heidelberg, Días del Señor 32-52). Este llamado está fundamentado, no en algún propósito original de Dios con la humanidad para crear una buena cultura, o en "cristianizar" a la sociedad, pero en la redención de la cruz de Cristo. El poder de esta vida terrena en todos sus aspectos, no es una gracia común de Dios que los piadosos comparten con los impíos, pero la gracia regeneradora del Espíritu de Cristo. "Porque después de que Cristo nos ha redimido con su sangre, nos renueva también con su Espíritu Santo a su imagen".[34]

Es en honor a Cristo Jesús

El honrar a Jesucristo en la confesión y la práctica es una tercera característica distintiva de la cosmovisión genuinamente reformada. La cosmovisión reformada confiesa que el propósito de Dios con todas las cosas es Jesucristo, el Hijo de Dios encarnado, nuestro querido Salvador, y el Señor de todo. La cosmovisión reformada exige una vida vivida en la sumisión y servicio a Él. Lo básico en la cosmovisión reformada es la confesión de que Dios hizo todas las cosas por Jesucristo, que todas las cosas son coherentes en Jesucristo, y que Jesucristo debe tener la preeminencia en todas las cosas. Jesucristo, la cabeza de la iglesia, es el propósito de Dios con la creación y de la historia. Al resucitar a Jesucristo de entre los muertos, Dios lo ha exaltado a una posición de preeminencia sobre todas las cosas (Colosenses 1: 13-20).

Cualquier cosmovisión que ignora a Jesucristo, cualquier cosmovisión que no atribuye esta centralidad, está preeminencia a Jesucristo, es falsa. Cualquier cultura, por más digna y humana que sea, que no confiese y obedezca a Jesucristo como Señor de la cultura es maldita.

La cosmovisión de la gracia común ignora a Jesucristo. Ella deja a Jesucristo fuera de la cultura refinada que está construyendo con la ayuda de los que niegan a Jesucristo. La cosmovisión de la gracia común ignora a Jesucristo y lo deja fuera de su cultura por su propia admisión franca. De acuerdo con la cosmovisión de la gracia común, Dios tiene un propósito cultural con la creación y la historia completamente aparte de Su propósito de salvación en Jesucristo. Dios tiene dos propósitos distintos con la creación y la historia. Uno es el propósito de la redención de una iglesia a través de la gracia salvadora del resucitado Jesucristo crucificado. El otro es el desarrollo de una buena cultura a través de los réprobos, hombres y mujeres no regenerados, con la ayuda de los cristianos, como el propósito original de Dios con la creación. Dios lleva a cabo este propósito por Su gracia común. Este objetivo cultural no tiene nada que ver con Jesucristo, la cabeza crucificada y resucitada de la iglesia. Él sin duda no es la fuente, el fundamento, la vida, señor, y el objetivo de esta cultura.

Abraham Kuyper, quien es el padre de la cosmovisión de la gracia común, escribió que "Hay aparte de la gran obra de Dios en la gracia especial también otra obra de Dios en el terreno de la gracia común". Esta "obra totalmente diferente" es la agraciada actividad de Dios en paganos e idólatras "para consumar el desarrollo del mundo". Dios toma "deleite en aquel alto desarrollo humano" de paganos e idólatras. Porque a través de este desarrollo cultural de la humanidad "toda la gloria de la imagen de Dios puede reflejarse a sí misma".

La gracia común, según Kuyper, logra "su propio propósito" en la historia. "independientemente [de

Cosmovisión Reformada

Jesucristo como cabeza de la iglesia redimida y de su gracia salvadora]", la gracia común trae "la aparición completa de lo que Dios tenía en mente cuando plantó los núcleos del más alto desarrollo en nuestra raza". Por el trabajo independiente de la gracia común, "la humanidad llega a su meta, se levanta a sí misma desde su estado hundido, gradualmente alcanza un nivel más alto. El fundamental mandato cultural dado antes de la caída, de que los seres humanos podrían alcanzar dominio sobre toda la naturaleza gracias a la 'gracia común', aún es factible después de la caída. Sólo de esta manera, a la luz de la Palabra de Dios, la historia de nuestra raza, el largo despliegue de los siglos, así como la gran significancia del desarrollo del mundo, puede tener sentido sustancial para nosotros".[35]

La defensa y expansión reciente de Richard Mouw de la cosmovisión, así como también de la gracia común de Kuyper, afirma que Dios persigue un objetivo cultural en la historia que está separado de Su propósito de salvación en Jesucristo. Mouw habla de "múltiples propósitos divinos".

A medida que Dios despliega su plan para su creación, él está interesado en más de una cosa. Junto a la clara preocupación de Dios sobre el destino eterno de las personas están sus designios para la aún más grande creación". [36]

Postular dos propósitos independientes de Dios con la creación y la historia es dualismo. ¡Por definición,

46

¡el dualismo es la destrucción de la cosmovisión! la cosmovisión ve toda la realidad creada como un todo. La cosmovisión es una visión completa y unificada de la historia y el mundo. Los defensores de la cosmovisión de la gracia común no tienen una cosmovisión, más bien tienen cosmovisiones. Una de ellas es la cosmovisión del trabajo de Dios de glorificarse a sí mismo a través de la redención de una iglesia por la gracia salvadora de Jesucristo. La otra es la cosmovisión del trabajo de glorificarse a sí mismo por el desarrollo de una buena y piadosa cultura por parte de los impíos a través de la gracia común de Dios.

Peor aún, la cosmovisión de la gracia común enseña un gran propósito de Dios con, y una obra maravillosa de Dios en la historia que no tiene nada que ver con Jesucristo, El encarnado, crucificado y resucitado Hijo de Dios. Y si esta cosmovisión hace caso omiso de Jesucristo, ella lo niega. Con respecto a su cosmovisión, ella niega a Jesús. Nada menos que esto es la condenatoria acusación reformada de la cosmovisión de la gracia común: Ella niega a Jesucristo con respecto a lo que se propone como uno de los grandes propósitos de Dios con la historia y con respecto a lo que es presentado como el fundamento de toda la vida humana en el mundo.

Kuyper tuvo problemas con estos dos puntos débiles de su teoría de la gracia común, su dualidad inherente y la separación de la obra de Dios del desarrollo cultural de Jesucristo. Él trató de resolver sus problemas mediante la unión tanto de la obra de la redención y el trabajo cultural de la gracia común en la persona del Hijo eterno de Dios. "La Sagrada Escritura nos dice en repetidas ocasiones del entrelazamiento de la vida de la gracia especial con la de la gracia común, pero al mismo tiempo da a conocer que el punto de encuentro de ambos no es el nacimiento de Cristo en Belén, pero su existencia eterna como la Palabra Eterna".[37] "la obra de la creación y la obra de la redención (y en esa medida también el trabajo de la gracia común y la gracia especial) encuentran una unidad superior en Cristo sólo porque el Hijo eterno de Dios está detrás de los dos puntos de partida".[38] En apoyo a este intento de vencer tanto el dualismo y el ignorar a Jesucristo que caracterizan a la cosmovisión de la gracia común, Kuyper hizo una apelación a Colosenses 1:13 en adelante.

El intento de Kuyper falló. Simplemente empujó el dualismo hacia atrás, a la persona del Hijo eterno. Ahora el Hijo eterno de Dios tiene dos propósitos y trabajos independientes con la historia. Además, Colosenses 1:13 en adelante no hacen que la persona del Hijo eterno de Dios sea el principio y fin de toda la creación, el propósito de Dios con la existencia y el movimiento de todas las cosas de la historia, y el que debe tener preeminencia en todas las cosas. El que tiene esta importancia con respecto a la creación, todas las cosas, y la historia es el amado Hijo de Dios, en cuyo reino han sido trasladados los elegidos (versículo 13); en quien tenemos redención por su sangre (versículo 14); que es el primogénito de toda criatura, que no se puede decir de la persona eterna del Hijo (versículo 15); que es la cabeza de la iglesia (versículo 18); y que es el primogénito de entre los muertos (versículo 18). Esto no es la persona del Hijo eterno, aunque la persona de Jesucristo es el Hijo eterno, pero el hombre nacido de María, que padeció bajo Pilato y resucitó corporalmente al tercer día. A el Dios le ha honrado con tanto honor incomparable. A Él honran las cosmovisiones reformadas. Y a Él la cosmovisión de la gracia común niega.

Cosmovisión Reformada

Es justa

Una cuarta característica distintiva de la cosmovisión reformada es su insistencia en que la norma o estándar de todos los días de la vida terrena, en todas las ordenanzas y las esferas de la creación, es la ley de Dios tan claramente revelada en las Escrituras. la ley de Dios en la Escritura rige la conducta sexual; el matrimonio; la familia; la vida en la iglesia; el trabajo; negocio; medicina; las relaciones con el vecino; y el comportamiento de los cristianos hacia el estado.

La vida cristiana reformada, no es anarquista. No se gobierna por la propia voluntad del hombre. No se rige por el pensamiento y las prácticas del mundo depravado actual, que de contrabando son metidas a las iglesias reformadas como mercancía de la "revelación general".

La cosmovisión de la gracia común abre a los individuos, a las iglesias y escuelas que la aceptan a la iniquidad del mundo. En el nombre de la gracia común, ellos aprueban el feminismo y el igualitarismo; el divorcio y las segundas nupcias por cada una y todas las razones posibles; la rebelión de los "siervos" contra sus "señores" en el ámbito del trabajo; la profanación del día de reposo; el disfrute de las películas más viles y más violentas, incluso blasfemas, de Hollywood; y ahora la homosexualidad, al menos en una "relación de compromiso". La aceptación de la "sabiduría" y los caminos de este mundo inicuo por aquellos que tienen la cosmovisión de la gracia común es inevitable. Porque la cosmovisión de la gracia común postula la operación de la gracia del Espíritu en el mundo impío y por lo tanto también una gran cantidad de verdad y justicia.[39]

Es antitética

En agudo contraste con la mentalidad conformadora de la cosmovisión de la gracia común, la cosmovisión reformada es Antitética; sin pena, con audacia, con urgencia antitética. Esta es una quinta característica distintiva de la cosmovisión genuinamente reformada. Dos grupos radicalmente diferentes de personas, hostiles entre sí, viven en la proximidad más cercana. Se desarrollan dos culturas radicalmente diferentes en las mismas esferas de la creación. Un grupo confiesa la soberanía del Dios trino y del Padre de Jesucristo y voluntariamente se someten al señorío de Jesucristo crucificado y resucitado. Los otros se rebelan contra Dios y su Mesías. La cosmovisión reformada llama a los cristianos a ser distintos de aquellos que niegan a Jesucristo y por lo tanto niegan al único y verdadero Dios.

¿Hay una verdad más clara, o más enfática, en la Escritura que la de la antítesis?

Dios mismo estableció la historia de la raza humana en su camino con la palabra de Génesis 3:15, dividiendo la raza en dos familias antagónicas: *"Y pondré enemistad entre ti y la mujer, y entre tu simiente y la simiente suya; ésta te herirá en la cabeza, y tú le **herirás en el calcañar**"*. El Israel del Antiguo Testamento debía de habitar confiado de manera solitaria (Deuteronomio 33: 28). No es diferente para la iglesia del Nuevo Testamento y para el hijo de Dios.

David Engelsma

No os unáis en yugo desigual con los incrédulos; porque ¿qué compañerismo tiene la justicia con la injusticia? ¿Y qué comunión la luz con las tinieblas? ¿Y qué concordia Cristo con Belial? ¿O qué parte el creyente con el incrédulo? ¿Y qué acuerdo hay entre el templo de Dios y los ídolos? Porque vosotros sois el templo del Dios viviente, como Dios dijo: Habitaré y andaré entre ellos, Y seré su Dios, Y ellos serán mi pueblo. Por lo cual, Salid de en medio de ellos, y apartaos, dice el Señor, Y no toquéis lo inmundo; Y yo os recibiré, Y seré para vosotros por Padre. Y vosotros me seréis hijos e hijas, dice el Señor Todopoderoso. (2ª Corintios 6: 14-18).

Tan poderosa es esta verdad de la antítesis en todas las Escrituras que frustra los arduos esfuerzos de H. Richard Niebuhr para contradecirla. En su aclamado estudio de la relación entre Cristo y la cultura, Niebuhr buscó evidencias en la tradición cristiana y en las Escrituras de que Cristo, el transformador de la cultura, no está en contra de la cultura. Una y otra vez, se vio obligado a admitir, erudito honesto que era, que sus campeones (Calvino, Agustín y las escrituras) de "Cristo como transformador de la cultura" enseñaban a Cristo como el enemigo de la cultura.

A Niebuhr le gusta aclamar a Agustín como un "cristiano que estableció delante de los hombres la visión de concordia universal y paz en una cultura en la que todas las acciones humanas han sido reordenadas

Cosmovisión Reformada

por la acción agraciada de Dios en traer a todos los hombres a sí mismo, y por lo cual todos los hombres estaban activos en las obras dirigidas hacia y, por lo tanto, reflejando el amor y la gloria de Dios". Pero Niebuhr se vio obligado a reconocer que Agustín "no desarrolló su pensamiento en esta dirección. En realidad, el no miró hacia adelante con esperanza a la realización de la gran posibilidad escatológica ... —la redención del creado y corrompido mundo humano y la transformación de la humanidad en toda su actividad cultural"—. Debido en gran parte a "su forma predestinaria de la doctrina de la elección, ... la visión de Agustín [es aquella] de dos ciudades, compuestas de diferentes individuos, siempre separados. Aquí hay un dualismo más radical que la de Pablo y Lutero".

"Calvino," lamentablemente "es muy parecido a Agustín". Hay en este reformador (Calvino) ideas que llevaron a Niebuhr a esperar que Calvino podría haber enseñado "la transformación de la humanidad, toda su naturaleza y la cultura, en un reino de Dios en los cuales las leyes del reino se hayan escrito en las entrañas". Pero esto no es, de hecho, la doctrina cultural de Calvino.

A la eterna contrariedad de Dios y el hombre, Calvino añade la dualidad de la existencia temporal y eterna, y la otra dualidad de un cielo eterno y un infierno eterno. Aunque el calvinismo ha estado marcado por la influencia de la esperanza escatológica de la transformación por Cristo y por su consecuente empuje hacia la realización de la promesa, este elemento en él siempre se ha acompañado de una nota separatista y represiva, aún más marcada que en el luteranismo.

Niebuhr se vio obligado a caer de nuevo en la figura menor y herética de F. D. Maurice.[40]

La Biblia demostró ser tan poco útil para la tesis de Niebuhr, así como lo fueron Agustín y Calvino. Cristo como transformador de la cultura "se indica más claramente en el Evangelio de Juan". Pero, agrega Niebuhr inmediatamente, "la estrecha relación de esta obra a la primera carta de Juan a una sugiere, esto está acompañado también de una nota separatista". Malentendiendo las "declaraciones universalistas" en el Evangelio según Juan, Niebuhr creía que Juan parecía "desear la transformación completa de la vida humana y el trabajo". Sin embargo, Niebuhr reconoce que "tales declaraciones universalistas... están equilibradas en el Evangelio por dichos que proclaman la oposición del sentido de la oposición del mundo a Cristo y de su preocupación por los pocos". Niebuhr concluye estando de acuerdo con el análisis de otro experto: "el cuarto Evangelio ... es ... el más exclusivo de los escritos del Nuevo Testamento. El presenta una clara división entre la Iglesia de Cristo y el mundo exterior, que se considera como meramente extranjero u hostil".[41]

La cosmovisión de la Biblia es la antítesis, y la

antítesis se basa en la predestinación divina. Cualquier cosmovisión que falle en reconocer esta antítesis, debilite la antítesis, o niegue la antítesis, es falsa.

La antítesis, que es básica para la cosmovisión bíblica de la iglesia y el cristiano en el Nuevo Testamento, es espiritual. Es la separación y la guerra entre la fe y la incredulidad. El creyente piensa los pensamientos de Dios de Si mismo; Dios no está en todos los pensamientos del incrédulo. El creyente hace todo para la gloria de Dios; el no creyente vive para sí mismo, para la humanidad, y el pecado. El creyente confía en Dios en Jesucristo para la salvación y, de hecho, para todas las cosas; los incrédulos confían en el brazo de carne humana, o francamente se desesperan. El creyente obedece a Dios en amor; el incrédulo ya sea que pisotee los mandamientos de Dios bajo sus pies, o aparenta observar las leyes de Dios para su propio interés.

La antítesis, entre la simiente de la mujer, Cristo Jesús y los que son suyos por elección divina, y la simiente de la serpiente, aquellos que son la progenie de Satanás según la reprobación, en la era del Nuevo Testamento, no es física. La antítesis sin duda debe, y lo hace, llegador a la expresión física. El cristiano no está en los cultos de los paganos o con la falsa iglesia (1ª Corintios 10: 14-22). Él no puede estar en noviazgo o casarse con un incrédulo (1a Corintios 7:39). Él no puede cultivar amistad con un incrédulo (2ª Corintios 6:

14-18). Él no puede cooperar con los incrédulos en negocios impíos, por ejemplo, la construcción de un reino terrenal de Dios aparte de Jesucristo, el perdón de los pecados, y la vida de santidad (2ª Crónicas. 19: 2). Los padres reformados educan a los hijos del pacto en sus propias escuelas, donde la instrucción se basa en la Escritura y las confesiones reformadas y donde la ley de Dios gobierna el habla y la conducta de todos los estudiantes (Efesios 6: 4).

Pero no es la naturaleza de la antítesis, la cual consiste en, y que requiere, la separación física de la iglesia del mundo impío y del creyente y sus hijos de los no creyentes y sus hijos. La antítesis no es el huir del mundo. El cristiano reformado puede vivir plena y libremente en toda institución y esfera de la creación, por ejemplo, el matrimonio, el trabajo y el estado. Él puede desarrollar y ejercer todos sus dones naturales, por ejemplo, obtener becas, construir casas, hacer música, o jugar a la pelota. Él puede asociarse con los impíos en la vida cotidiana, terrenal, por ejemplo, en el vecindario, el trabajo, y el estado. Él puede cooperar con los impíos en todo tipo de actividades terrenas, por ejemplo, en los negocios y la defensa de la nación. Él puede utilizar y disfrutar de todos los productos culturales de los impíos que no están tan corrompidos como para ser profanos intrínsecamente. Él puede disfrutar y aprender de la gran literatura del mundo. Él puede disfrutar de la música clásica. Él puede utilizar la computadora. Él puede beneficiarse de los avances en la medicina.

Toda esta actividad terrena del cristiano reformado, incluyendo la asociación con los impíos y el uso de sus invenciones, se debe a las verdades de la creación y de providencia. En virtud de que Dios creó todas las cosas, "Porque todo lo que Dios creó es bueno, y nada es de desecharse" (1ª Timoteo 4: 4; 1ª Corintios 10:26). La vida en las instituciones y las esferas de la creación, que son la voluntad de Dios para su pueblo redimido, implica necesariamente el contacto físico y la cooperación en los asuntos terrenales con los impíos (1ª Corintios 5:10). Cristianos y no cristianos tienen todas las cosas en común en la tierra, a causa de la creación y la providencia.

Lo que no tienen en común es la gracia. Por lo tanto, aunque comparten la vida terrena, viven esta vida terrena de dos maneras radicalmente diferentes, el uno para la gloria de Dios y el otro en desafío a Dios. Sabiendo que el pensamiento y las prácticas del mundo impío no son fruto de la gracia, el cristiano está siempre en guardia contra la ignorancia y el libertinaje de los malos con los que se asocia y coopera (Efesios 4:18 y 19).

La cosmovisión de la gracia común rompe la antítesis. Se trata de una fisura en el muro espiritual, un puente sobre el foso espiritual, entre la iglesia y el mundo, entre el creyente y el no creyente, Cristo con el diablo. A través de la fisura y sobre el puente de la gracia común, el pensamiento ateo y prácticas impías del mundo malvado se vierten en la vida de las personas, las iglesias y las escuelas donde la cosmovisión de la gracia común reina. Abraham Kuyper propuso la cosmovisión de la gracia común como un puente entre la iglesia y el mundo por el cual la iglesia podría influir en el mundo. Kuyper olvidó algo sobre los puentes. Ellos permiten el tráfico bidireccional.

Después de unos cien años, desde la invención de la cosmovisión de la gracia común por Kuyper y su colega Herman Bavinck,[42] la cosmovisión de la gracia común ha demostrado ser un fracaso. No ha "cristianizado" los Países Bajos. No ha "cristianizado" los Estados Unidos. No ha "cristianizado" Grand Rapids, Michigan. Por el contrario, ha hecho a la gente, las iglesias y las escuelas que la promueven y la practican totalmente mundanos.

El efecto nocivo de la cosmovisión de la gracia común de sus defensores está siendo reconocido en los últimos tiempos por algunos que históricamente no han estado involucrados en la controversia sobre la gracia común y que por tanto no puede ser acusado de tener un interés personal. James D. Bratt habla de una "simple ambigüedad en su pensamiento [el de Kuyper]. Por un lado, Kuyper predicaba la antítesis religiosa: los principios de vida de los cristianos y los incrédulos eran diametralmente opuestos, las cualidades espirituales de sus respectivas acciones eran inevitablemente antagónicas.... Más adelante en su carrera ... Kuyper resucitó la doctrina de la gracia común: que Dios le dio gracia la humanidad que, aunque no 'salvífica', les permitió alcanzar mucha virtud y verdad ... y que la cooperación entre cristianos y no creyentes, por lo tanto, era posible y necesario".[43] "simple ambigüedad" con respecto a la antítesis es fatal para la antítesis.

Escribiendo en la revista de la Sociedad Teológica Evangélica, el teólogo presbiteriano William D. Dennison juzga que el "neocalvinismo holandés", cuyo padre es Abraham Kuyper, cuyo proyecto es "transformar y recuperar la cultura posterior a la Ilustración para el señorío de Jesucristo", y cuya cosmovisión es el de la gracia común "se ha convertido más en una hija de la Ilustración y la modernidad que en un movimiento de preservación del calvinismo histórico ortodoxo".[44]

Sean Michael Lucas ve la misma mundanidad (él lo llama "secularización"), donde la cosmovisión de la gracia común domina. Él atribuye esta mundanidad a la doctrina de la gracia común.

Aunque el propio Kuyper utiliza el lenguaje de la antítesis, sus seguidores más recientes, sobre todo en los Estados Unidos y Canadá, más a menudo hacen hincapié en las otras dos contribuciones intelectuales de la visión Kuyperiana: la gracia común y las estructuras ordenadoras de la soberanía de las esferas. Así como la gracia común llegó a anular el énfasis de Kuyper sobre la diferencia de que la palingénesis [regeneración] hizo (con sus dos clases de personas y dos tipos de ciencia) que la secularización de lo sagrado no sólo llegara a ser una posibilidad, sino que en realidad sucedió en lugares como La Universidad Libre de Ámsterdam. Como resultado, los neo-calvinistas americanos siguen preocupados de que sus instituciones comprometidas con los ideales de Kuyper podrían seguir el camino de la Universidad Libre, y tal preocupación es justificada .... Así como los Kuyperianos modernos intentaron transformar la cultura mediante la obediencia a la ley de Dios en todas las esferas humanas y por cooperar con la gracia común de Dios, la tentación se convirtió en la identificación de "progreso" social ... con la actividad de Dios. Como lo sagrado fue secularizado, o como cosas comunes fueron identificadas como el continuo desarrollo de la historia de la redención, las posiciones públicas que los Kuyperianos sostuvieron parecían sospechosamente similares a la política moderada-liberal estadounidense como si tuvieran aprobación divina.[45]

Es peregrinaje

De ninguna manera la menos significativa de las características distintivas de la cosmovisión reformada es la de que ella mantiene ante el cristiano que él es un peregrino en la tierra y que su vida, incluyendo su vida cultural, es una peregrinación. La cosmovisión reformada tiene una perspectiva de la vida terrena que presta atención a la *"nube de testigos"* de Hebreos 11. *"Conforme a la fe murieron todos éstos ... confesando que eran extranjeros y peregrinos sobre la tierra. Porque los que esto dicen, claramente dan a entender que buscan una patria ... esto es, celestial"* (Hebreos 11: 13-16). Activos como seamos, podemos ser, y debemos estar en la vida terrena, nunca tenemos que olvidar que nuestra vida es una peregrinación a la ciudad celestial.

La cosmovisión de la gracia común destruye esta verdad acerca de los cristianos y su vida. Esta cosmovisión hace que la "cristianización" de la sociedad, la construcción de una cultura grande y buena, y la mejora del mundo como una forma del reino de Dios sea lo más importante para el cristiano. esto tiende a fijar el corazón de uno en esta vida. Esto tiende a hacer los logros culturales la meta de la vida cristiana.

La cosmovisión de la gracia común también oscurece la advertencia de la Escritura de que todos los que quieren vivir piadosamente en Cristo Jesús padecerán persecución (2ª Timoteo 3:12). La iglesia en el mundo es siempre una iglesia "bajo la cruz". ¿Por qué los incrédulos odiarían y perseguirían a aquellos con los que comparten la gracia de Dios? ¿Cómo puede haber tribulación para los cristianos a manos de los incrédulos cuando ambos están cooperando con la gracia común de Dios para cumplir uno de los grandes propósitos de Dios con la creación y la historia? Más al punto, ¿por qué los no cristianos matarían, o incluso ridiculizarían, a los cristianos profesantes quienes están dispuestos a adoptar el pensamiento actual y las prácticas de los no cristianos (como "revelación general"), quienes evitan cuidadosamente nombrar el nombre de Jesucristo (ya que la cosmovisión de la gracia común y la empresa no tienen nada que ver con él), y quienes se abstienen de condenar la incredulidad y la injusticia de los no cristianos (porque la vida de los no cristianos es buena, verdadera y hermosa por el poder de la gracia común)?

Pero Cristo advierte que todos los que pierden su esperanza de su retorno y del cielo, porque están envueltos en esta vida terrenal con sus afanes y decepciones, pero también con sus placeres y éxitos, perecerán en la próxima conflagración, como los contemporáneos mundanos de Noé perecieron en el diluvio (Mateo 24: 37-41). Cristo también pronuncia su "ay" sobre los discípulos profesantes de los cuales todos los hombres hablen bien (Lucas 6:26).

La cosmovisión de la gracia común no sólo es falsa. También es espiritualmente peligrosa al extremo.

Es ordinaria

La última característica distintiva de la cosmovisión reformada es que presenta la vida cultural de la vida del cristiano como principalmente ordinaria, inadvertida, e insignificante según los estándares humanos. En la mente de Dios, esta vida "ordinaria" de los cristianos es increíble, una maravilla de su gracia en Jesucristo que ha traído vida de la muerte, pureza de la suciedad, y libertad de la esclavitud.

Hay espacio en la cosmovisión reformada para el artista, el médico o la enfermera, el funcionario del gobierno civil, el hombre de negocios exitoso, el abogado, el hombre o la mujer piadosa que tienen un impacto en la sociedad. La cosmovisión reformada da la bienvenida a un Martin Lutero, un Juan Calvino, un J. S. Bach, y a un Abraham Kuyper (siempre y cuando se omita su filosofía de la gracia común). Pero estas posiciones de alto perfil no constituyen la vida cultural prevista por la cosmovisión reformada. ellos ni siquiera tocan la esencia de la cultura piadosa como la cosmovisión reformada la concibe. Suponerlo así es elitismo: el pensamiento necio del mundo impío que se impresiona del talento, el poder, la riqueza y el éxito.

Por lo general, los que practican la cosmovisión reformada son personas humildes, hombres y mujeres de ningún reconocimiento, los débiles, los viles, y despreciados, porque Dios ha elegido a estos. Dios ha escogido a los donnadies para confundir a los sabios, a los poderosos, y los donalguien, no sólo en la salvación, sino también en materia de cultura. Su propósito es que nadie se jacte de la cultura en Su presencia, así como nadie se jactaría de la salvación en su presencia (1ª Corintios 1: 26-31).

Es cultura piadosa

La cosmovisión reformada no es mera teoría intelectual. Una convicción del corazón, ella se expresa a sí misma en una vida. Esta vida es la cultura piadosa, el cumplimiento del mandato cultural de Génesis 1:28, como renovado en Mateo 28: 20: "enseñándoles que guarden todas las cosas que os he mandado".

Este es el perímetro de una cultura piadosa, como está marcado por la Escritura, la tradición cristiana, y las confesiones reformadas. Primero, y ante todo, uno es un miembro activo y fiel de una iglesia reformada que muestra claramente las marcas de la verdadera iglesia. El artículo 29 de la Confesión Belga define las marcas como la predicación de la doctrina pura del Evangelio, la administración pura de los sacramentos como fueron instituidos por Cristo, y el ejercicio de la disciplina eclesiástica sobre los pecadores que no se arrepienten.

Es sorprendente y significativo, que muchos de los escritos sobre la cosmovisión y la cultura piadosa hacen caso omiso de la membresía eclesiástica, la membresía eclesiástica es una verdadera institución, de hecho, los principales estudiosos de cosmovisiones denigran la membresía eclesiástica, si es que ya de plano tienen la membresía de la iglesia en desprecio. Destacados teóricos de la "cosmovisión reformacional" en el Instituto de Estudios Cristianos en Toronto, Ontario, Canadá, han abandonado por sí mismos la membresía en una iglesia reformada para afiliarse a la

Iglesia Unida de Canadá [United Church of Canada], la cual ha apostatado grandemente hasta llegar a ser una iglesia falsa. Charles Colson fomenta la unión de los evangélicos y católicos romanos en el movimiento conocido como Evangélicos y Católicos Juntos [Evangelicals and Catholics together] para que juntos puedan luchar la guerra cultural. Este movimiento no sólo hace esto para poner en riesgo la membresía de la iglesia por parte de los protestantes evangélicos mediante la aprobación de Roma como una verdadera iglesia. También minimiza la importancia de la membresía eclesiástica, al hacer la membresía eclesiástica como secundaria a la construcción de una buena cultura.[46]

Sin embargo, la pertenencia a la iglesia verdadera es la expresión primaria en la vida de la cosmovisión reformada, como el culto correcto del Dios trino en Jesucristo es el principio de toda cultura piadosa. La palabra misma, cultura, como culto, denota adoración.

Además, es la iglesia, la verdadera Iglesia instituida, la cual es el motor de la cosmovisión reformada y la fuente de la buena cultura de una vida santa en todas las ordenanzas y las esferas de la creación. ¡No las escuelas! ¡No las organizaciones hechas por el hombre, como Evangélicos y Católicos Juntos! La iglesia tiene los medios de gracia, la predicación del Evangelio y los sacramentos. Jesucristo inscribe el diseño de la cosmovisión cristiana y

Cosmovisión Reformada

reformada en los corazones de los hombres, mujeres, niños y niñas por la predicación de la doctrina pura del Evangelio a través de la iglesia.

Uno que vive la cosmovisión reformada se casa en el Señor Jesús y vive fielmente con la esposa o esposo hasta que la muerte los separe. Fundamental para el pacto y el reino de Dios y la cultura piadosa es la familia, y básico para la familia es el matrimonio.

Cuando veo que los grandes entusiastas de la cosmovisión, la cultura, y del reino de Dios toleran y practican del divorcio y las segundas nupcias en la misma inicua proporción y sobre las mismas razones inicuas al igual que la sociedad secular, yo concluyo que estos entusiastas no son serios acerca de la cultura piadosa ni del reino de Dios.

Y cuando los defensores bien conocidos de una "cosmovisión reformacional", Hendrik Hart y James Olthuis, escriben en defensa de la homosexualidad, incluyendo el "matrimonio homosexual", yo concluyo que su "cosmovisión reformacional" es la misma cosmovisión, inicua y pagana, sobre la cual la ira de Dios se revela desde el cielo, la que el apóstol condene en Romanos 1: 18 en adelante. Hart ha escrito una ferviente recomendación del libro de Pim Pronk *Against Nature [¿Contra la naturaleza?]*"[47]. Olthuis enseña que los "matrimonios" homosexuales no sólo son permitidos, sino que también son recomendables. Una amorosa y comprometida relación homosexual es un "signo de la gracia abundante de Dios, una muestra del futuro de Dios en un mundo caído".[48]

La cosmovisión reformada honra al matrimonio y a la familia, por no hablar de la ética sexual cristiana básica. Ella llama a los solteros a la castidad de la abstinencia y ubica la relación sexual exclusivamente en el enlace de por vida del matrimonio del marido y la esposa.[49]

La esposa y madre trabaja en el hogar, al cuidado de su familia y la administración del hogar. Ninguna posición y trabajo son más altamente estimados para la mujer creyente por la cosmovisión reformada que los de ser esposa y madre. Con gran valentía que se deriva de basar la vida de los cristianos en la sabiduría de Dios en las Escrituras, y no en la sabiduría de la sociedad, la cosmovisión reformada resiste las fuertes presiones del feminismo. Las madres cristianas no deberían enviar a sus hijos a las guarderías para que ellas puedan terminar una carrera. Ellas no pueden enviar a sus hijos a las guarderías para que puedan tener una mejor economía. Más bien, deben reducir sus gastos, o ver que sus maridos pidan ayuda a los diáconos. Dios llama a las madres en su pacto a buscar el reino de Cristo al criar a los hijos de Dios (1ª Timoteo 5:14; Tito 2: 4, 5).[50]

El esposo y padre es llamado a obrar con diligencia en su trabajo, ya sea agricultor o mecánico, u obrero en una fábrica (lo cual era la ocupación de algunos de los hombres más piadosos y culturalmente más productivos en el reino de Cristo que he conocido), o empresario, o profesor de la universidad, en el servicio del Señor Jesucristo (Efesios 6: 5-9). Hasta el máximo de su capacidad, él tiene que apoyar a su familia, así como a otras formas y actividades del reino de Cristo (Efesios 4:28; 2ª Tesalonicenses 3: 6-12). Esto no es meramente una necesidad de la vida terrena. Esto es una cultura piadosa.

De vital importancia para la cosmovisión es la instrucción de los niños del pacto, niños bautizados en la fe y vida reformada por los padres. Aquellos asidos por la cosmovisión reformada consideran a los niños como una bendición. Están decididos a transmitir esta cosmovisión a sus hijos y nietos. Es anatema para ellos que sus hijos sean ignorantes de la cosmovisión que ellos consideran como verdadera, o que los niños sean educados en otra falsa cosmovisión. La educación de los niños en la verdad de la palabra de Dios, la fe reformada, es el mandato de Dios a los padres creyentes: *"El estableció testimonio en Jacob, Y puso ley en Israel, la cual mandó a nuestros padres Que la notificasen (las alabanzas de Jehová, Y su potencia, y las maravillas) a sus hijos; Para que lo sepa la generación venidera, y los hijos que nacerán; Y los que se levantarán lo cuenten a sus hijos"* (Salmos 78: 4-6). Dios quiere que la cosmovisión correcta se transmita de generación en generación, porque Él es un Dios de pacto, Él salva a su pueblo en la línea de las generaciones.

Esta instrucción de los niños tiene lugar en el

hogar y en la iglesia verdadera, que alimenta a los corderos de Cristo, así como a sus ovejas (Juan 21:15). Pero también debe tener lugar en buenas escuelas cristianas. Especialmente en las escuelas cristianas es toda la enseñanza acerca de la cosmovisión (acerca de una visión global de todas las cosas creadas, a la luz de Dios el creador de todo y de Jesucristo el Señor de todos, y sobre la base de la Biblia y las confesiones reformadas). ¡Qué tan objetable, y a menudo ruinosa para los niños y jóvenes del pacto, es la enseñanza de las escuelas públicas, que enseñan la cosmovisión del hombre deificado! ¡qué tan objetable, y cada vez más perjudicial para los niños y los jóvenes reformados, es la enseñanza de las escuelas cristianas comprometidas con la cosmovisión de la gracia común conformada al mundo![51]

Y luego están la observancia del día de reposo, la sumisión al gobierno civil, el cuidado de padres ancianos, amor al prójimo, desapegándose de la riqueza y las cosas, y todos los otros aspectos de la vida cristiana según lo prescrito por el Evangelio de las Escrituras.

La vida ordinaria de cada hijo de Dios es la cultura piadosa.

La piedad en la vida cotidiana y terrena de muchos cristianos reformados en una localidad muy bien puede influir en cierta ciudad, o incluso una determinada nación. ¡Qué bien! hay un poderoso testimonio de la verdad y la justicia. Lo más probable, sobre todo en nuestros días, cuando las fuerzas de la oscuridad están enojadas y son agresivas, la piedad de la cosmovisión reformada, ventajosa como obviamente es, despertará el odio, el desprecio y la persecución. Esto también es bueno. La guerra de las edades se está librando, como debe de librarse en los últimos días, y en la guerra nosotros esperamos oposición.

Lo que importa es que la vida piadosa que brota de la cosmovisión reformada ejercita la salvación de los creyentes elegidos y sus hijos, da testimonio contra el mundo impío, y glorifica a Dios en Jesucristo.

La vida piadosa en el mundo de los creyentes elegidos y sus hijos es el comienzo de la cultura que Cristo perfeccionará en toda la creación renovada en su venida, cuando triunfe la cosmovisión reformada en el nuevo cielo y la nueva tierra. Ese será una cultura producida y vivida por el poder de la gracia particular salvífica del Espíritu de Jesucristo, cuya fuente es la elección, como admiten incluso los más ardientes defensores de la cosmovisión de la gracia común.

La cultura de Jesucristo, el último Adán, el único que cumple con el mandato cultural, llenará el nuevo mundo después de la destrucción de lo que Abraham Kuyper considero como el más alto florecimiento de la cosmovisión de la gracia común. Kuyper enseñó, y presumiblemente sus discípulos modernos están de acuerdo, que el desarrollo más completo y más glorioso de la cultura a través de la gracia común de Dios será el reino del Anticristo al final.

La escena final en el drama de la gracia común puede ser promulgada sólo a través de la aparición en el escenario del hombre de pecado.... "La gracia común" ... lleva a la más poderosa manifestación de pecado en la historia.... En el momento de su destrucción, Babilonia, es decir, la potencia mundial que se desarrolló a partir de la vida humana, exhibirá no la imagen de una multitud bárbara, ni la imagen de la bestialidad tosca, pero, por el contrario, exhibirá una imagen del más alto desarrollo de los cuales la vida humana es capaz. Mostrará las formas más refinadas, el más magnífico despliegue de riqueza y esplendor, la brillantez total de todo lo que hace la vida deslumbrante y gloriosa. A partir de esto sabemos que la "gracia común" seguirá funcionando hasta el final. Sólo cuando la gracia común ha estimulado la aparición completa de todas las facultades inherentes a la vida humana, "el hombre de pecado" encontrará el terreno nivelado necesario para ampliar este poder.[52]

¡La gracia común produce a la bestia!

¡La cosmovisión de la gracia común está ocupada construyendo la cultura del Anticristo!

Los defensores de la cosmovisión de la gracia común que estén vivos en ese momento serán presionados a resistir la tentación de considerar ese glorioso desarrollo de la cultura como el reino de Dios en su mejor forma. Si resisten (Dios siendo misericordioso con su gracia en Cristo Jesús), ellos, por fin, se unirán a nosotros, los defensores de la cosmovisión reformada de la gracia particular, en el regocijo por la destrucción total y definitiva de la cosmovisión y la cultura de la gracia común como condenables en el juicio de Dios.

Con nosotros, ellos entrarán entonces en un mundo de cielos nuevos y tierra nueva que siempre tuvo a Jesucristo como su objetivo (Colosenses 1:19, 20), un mundo en el que Jesucristo es preeminente (Colosenses 1:18), un mundo que Jesucristo ha redimido (Juan 3:16), un mundo que siempre estaba gimiendo bajo la maldición de la cultura de los impíos y anhelando por la libertad de la gloria que Jesucristo daría (Romanos 8: 19-22), y un mundo en el que la justicia de Jesucristo mora (2ª Pedro 3:13).

Entonces ellos notarán que las únicas obras realizadas por el hombre en la historia que son permitidas en el nuevo mundo son las obras de los santos. *"Bienaventurados de aquí en adelante los muertos que mueren en el Señor. Sí, dice el Espíritu, descansarán de sus trabajos, porque sus obras con ellos siguen".* (Apocalipsis 14:13)

Parte 2
La piedad y la reforma

David Engelsma

Si tuviéramos que entender la piedad cristiana simplemente como un comportamiento decente, tendríamos que decir que la Reforma de la iglesia en el siglo XVI no tuvo la piedad como su propósito. Esto es sorprendente porque la conducta de los miembros de la iglesia Romana fue escandalosa. Tanto los laicos como el clero eran mundanos e inmorales. La santidad de la que se jactó la iglesia romana era insensata y sin valor: peregrinaciones, cruzadas, adoración de reliquias, celibato (rechazo del matrimonio a cambio de la fornicación y concubinato) e indulgencias.

La Reforma no fue una reforma de la moral. Los reformadores mismos dejaron esto en claro. En su trabajo inicial, "La libertad de un cristiano", Martín Lutero escribió:

Ciertamente, he atacado con dureza las doctrinas impías en general, y he criticado a mis oponentes, no por su mala moral, sino por su impiedad. ... No me peleo con ningún hombre con respecto a su moral, sino sólo con respecto a la palabra de verdad.

Juan Calvino estuvo de acuerdo. Al escribir al cardenal católico romano, Sadoleto, Calvino declaró:

Es poco posible que las mentes de la gente común no se enajenen de ti por los muchos ejemplos de crueldad, avaricia, intemperancia, arrogancia, lujuria, insolencia y todo tipo de maldad, que se manifiestan abiertamente por hombres de su orden, pero ninguna de

La piedad y la reforma

esas cosas nos habría llevado al intento que hicimos bajo una necesidad mucho más fuerte. Esa necesidad era, que la luz de la verdad divina se había extinguido, la palabra de Dios enterrada, la virtud de Cristo dejada en el olvido profundo y el oficio pastoral subvertido (Respuesta de Juan Calvino a la carta del cardenal Sadoleto).

Roma entiende bien que el propósito de la Reforma no era mejorar la moral. En su historia de la Reforma, el historiador católico romano Henri Daniel-Rops declara correctamente acerca de Lutero:

Ni hizo su protesta para reformar la moral eclesiástica. El propio Lutero afirmó rotundamente que ese nunca había sido su objetivo ... El problema de la reforma, en el sentido que entendieron tantos hombres de la época, tenía una importancia secundaria para Lutero ... La revolución que él deseaba realizar no era social, ni política, ni eclesiástica, sino teológica (La Reforma Protestante, vol. 2).

Esto no quiere decir que a los reformadores no les preocupara la vida de los cristianos ni la reforma de la vida. Ciertamente lo hicieron. Pero su preocupación era más profunda. Se fue a la raíz de la inmoralidad. La Reforma fue radical. Su propósito radical fue la restauración de la adoración y el servicio correctos de Dios por parte del hombre y, por lo tanto, la gloria de Dios en su iglesia. La correcta adoración y servicio de Dios es la actividad del hombre que conoce y reverencia a Dios. Este conocimiento reverencial de Dios es la piedad cristiana. Se emite en una vida santa. Y este fue el propósito de la Reforma.

Aunque la palabra piedad (piety) aparece solo una vez en la Biblia King James, en 1ª Timoteo 5: 4, sería un error concluir que la Biblia no enseña piedad, que los cristianos reformados no deben ser piadosos y que la piedad es una característica de Cultos extraños, fundamentalistas y de gente antigua en ambos sexos. La Biblia enseña piedad en otras palabras. El temor de Jehová en el Antiguo Testamento es la piedad. El temor de los israelitas a Jehová fue su reverencia y amor a Dios como el que los redimió de Egipto. Este temor de Jehová motivó a los israelitas a guardar los mandamientos de Jehová. Todos los que han leído el libro de Proverbios saben cuán práctico es el temor de Jehová, y lo es.

En el Nuevo Testamento, el "temor a Dios" se llama "piedad". 1ª Timoteo 4: 7 llama a todo cristiano a "ejercitarse para la piedad". El versículo 8 hace la afirmación asombrosa sobre la piedad, de que "para todo aprovecha, pues tiene promesa de esta vida presente, y de la venidera". Este es un poderoso incentivo para el ejercicio vigoroso de uno mismo en la piedad. En 1ª Timoteo 3:16, el apóstol se refiere a la confesión central de la fe cristiana, y al fundamento mismo de la iglesia, como el "misterio de la piedad". La venida del eterno Hijo de Dios en carne humana tuvo

La piedad y la reforma

que ver con la piedad. Tenía como objetivo la piedad. Bíblicamente, la piedad es una reverencia amorosa, o, como prefiero decir, el amor anonadado, por el Dios trino, el Padre de Jesucristo. La piedad es una adoración de este Dios, que agarra y posee al hombre. La piedad no es una parte de la vida del cristiano, que se pone y luego se quita, como un traje dominical. La piedad ni siquiera es la parte más importante de su vida. La piedad es su vida. El hombre piadoso es simplemente el hombre que vive coram Deo, "en la presencia de Dios".

La piedad es una cuestión del corazón. Es, por lo tanto, dispuesto, libre, sin restricciones, no forzado. El hombre piadoso se deleita en Dios. Pregúntele por qué, y él responderá: "Porque Dios es encantador". El hombre piadoso disfruta a Dios, porque Dios es una delicia.

La piedad necesariamente reluce por sí misma y se manifiesta en toda la vida cotidiana del mundo, en todos los aspectos de la vida terrenal de los piadosos, en cada actividad y relación humana, y en cada esfera. La piedad no puede ser un "anonadado amor" de Dios sin ningún cambio en la vida de uno. La piedad siempre está activa.

Ser piadoso es ser reformado, a menos que la fe y la vida reformadas no sean cristianismo bíblico. Es un error suponer que la piedad no es reformada, como si la piedad fuera la posesión de fundamentalistas y místicos. Es una mala señal que nos avergüence el parecer, o ser pensados, piadosos. Resulta ominoso que usemos la palabra piadoso solo en el mal sentido, para describir a alguien que pone en efecto la piedad hipócritamente mediante externos actos triviales y una apariencia exterior de un traje negro y semblante sombrío. Deberíamos llamar tal apariencia y acciones como "pietistas".

Es la necesidad de la ocasión para las iglesias reformadas y de los miembros de la iglesia reformada que nos ejercitemos en la piedad. Abunda la impiedad, la misma impiedad que desfiguró a la iglesia antes de la Reforma: la corrupción del culto público a Dios en cuanto a la predicación, la administración de los sacramentos, la disciplina y la liturgia; formalismo en la adoración; la negativa a adorar, como es evidente en la pobre asistencia a los servicios de adoración; el desinterés por las cosas de Dios, como se manifiesta por el olvido del día de reposo, para profanarlo; mundanería; el amor al dinero; el amor de los placeres más que el amor de Dios; la infidelidad perversa a la ordenanza de Dios del matrimonio por el divorcio y el recasamiento; embriaguez y fiesta depravada; la diversión de los que profesan ser cristianos reformados con canciones viles, películas corruptas, libros depravados y programas de televisión podridos; Y vivir, año tras año, en odio y enemistad con un vecino.

Incluso para la congregación, el creyente y el hijo

La piedad y la reforma

de creyentes que viven piadosamente, ser piadoso es una batalla constante.

Es importante, por lo tanto, saber que la piedad viene del Espíritu de Cristo. No podemos producirlo en nosotros mismos. Pensar así es no creer el mensaje de la Reforma de que la salvación es solo por gracia. A medida que usamos los medios del Espíritu, la predicación y los sacramentos, debemos rogar a Dios por la presencia y el poder del Espíritu con estos medios.

Aunque la piedad es un don del Espíritu, la verdadera piedad no es una "piedad del Espíritu", es decir, experiencias místicas, sentimientos extáticos y comportamientos extraños supuestamente debidos a la influencia directa del Espíritu. La Reforma condenó esta falsa espiritualidad como otra forma de impiedad no cristiana (lea la diatriba de Lutero, "Contra los profetas celestiales").

La piedad genuina es una "piedad de la Palabra". Si un hombre debe amar y reverenciar a Dios, debe conocer a Dios como el Dios grande, bueno y glorioso de su salvación en Jesucristo. Dios da este conocimiento de Sí mismo sólo en la doctrina de las Escrituras. Esta doctrina es el evangelio de la gracia, en cuyo corazón se encuentra la promesa del perdón de los pecados, en la misericordia de Dios, sobre la base solo de la cruz, para cada pecador que cree por justicia.

Por la predicación de este evangelio, el Espíritu

obra la piedad. La predicación de la sana doctrina: esto es lo que necesitamos, si queremos ser piadosos. Esto no es lo mismo que los discursos teóricos, abstractos y secos sobre la doctrina. Hay una predicación de doctrina que, aunque ortodoxa, o al menos no heterodoxa, no tiene ninguna utilidad real para el pueblo de Dios: una discusión árida sobre el dogma; Una polémica amarga y sostenida contra los errores que no son un peligro para la congregación; y brillante especulación sobre puntos de la teología muy alejados de la gente. Tal predicación es invariablemente la ocasión para el pietismo.

La Reforma no soportaba nada de este tipo de teología y predicación. Lutero escribió: "La verdadera teología es práctica, y su fundamento es Cristo, cuya muerte es apropiada a nosotros a través de la fe ... En consecuencia, la teología especulativa pertenece al diablo en el infierno" (que Lutero aplicó rápidamente a Zwinglio) ("Table talk").

Calvino fue uno con Lutero al insistir en la edificación de la predicación. En su comentario sobre 1a Timoteo 6: 3, particularmente la frase "la doctrina que es según la piedad", Calvino estalló en contra de la predicación "que es hipócrita y está completamente enmarcada para los propósitos de la ostentación y la exhibición ociosa". El añadió:

> *La doctrina no será coherente con la piedad, si no nos instruye en el temor y la adoración de Dios, si no*

La piedad y la reforma

edifica nuestra fe, si no nos entrena en la paciencia, la humildad y todos los deberes de ese amor que debemos a nuestros semejantes. Quien, por lo tanto, no se esfuerza por enseñar provechosamente, no enseña cómo debería hacerlo; y no solo así, sino que esa doctrina no es ni piadosa ni sana, cualquiera que sea la brillantez de su presentación, eso no tiende a beneficiar a los oyentes (énfasis agregado).

Lo que la iglesia necesita es una doctrina viva, rentable, práctica, doctrina que apunta a la piedad de la congregación.

El Espíritu da piedad por medio de la doctrina en el sentido de que la congregación participa en esta doctrina por fe.

La piedad nace y se nutre de la fe.

La piedad es el don del Espíritu Santo. El Espíritu en un hombre o una mujer es un Espíritu piadoso. Recibimos el Espíritu por fe, como el apóstol enseña con su pregunta en Gálatas 3:2, "¿Recibisteis el Espíritu por las obras de la ley, o por el oír con fe?"

La piedad es el anonadado amor por Dios que surge del conocimiento de Dios en Su Palabra. Es la fe que conoce la Palabra, y el Dios revelado en la Palabra.

Basados en la fe que conoce y confía en Dios como nuestro propio Padre celestial en Jesucristo, uno es piadoso. Así como uno es justo solo por fe, así también es piadoso por la fe. Nadie es piadoso por las obras, por la ley o por las terribles amenazas y el miedo servil.

En su libro "La libertad de un cristiano", Lutero preguntó: "¿Qué hombre está allí cuyo corazón, al escuchar estas cosas, no se alegrará en lo más profundo, y al recibir ese consuelo no crezca en ternura para que ame a Cristo como nunca pudo hacerlo a través de alguna ley u obras?

Apliquemos esto a nosotros mismos. ¿Me molesta mi propia impiedad, mi cristianismo formal, mi mundanalidad y mi falta de espiritualidad? ¿Deseo la piedad? Debo escuchar y creer la Palabra de la cruz. Debo orar para que el Espíritu aumente la fe en mí, aplique el evangelio a mi corazón y a mi vida y, por lo tanto, Él mismo habite en mí más íntimamente.

Como ministros y ancianos, ¿deseamos que nuestras congregaciones sean piadosas? Prediquemos a Cristo crucificado, el evangelio de la gracia soberana, a tiempo y fuera de tiempo. No debemos predicar la ley, las buenas obras, la reforma social o la última moda liberal o evangélica, sino Cristo crucificado. No debemos proclamar una piedad alcanzada por los esfuerzos arduos de la gente que mientras leyendo, y esforzándose para llevar a cabo, tantas "instrucciones" en manuales religiosos como sea posible. Tampoco debemos enseñar una piedad lograda por la gente preparándose escrupulosamente para una maravillosa segunda bendición del Espíritu. Pero debemos predicar y enseñar la piedad que se recibe al creer y solo al creer.

La piedad y la reforma

Debemos ser audaces y buscar en nuestra predicación. Debemos explicar el evangelio a los creyentes, especialmente a los creyentes temerosos y débiles, con una aplicación personal y cuidadosa. En el interés de hacer esto, debemos atrevernos a atacar la impiedad, no sólo allá afuera en el mundo y en otras iglesias (lo cual es bastante seguro), sino también en nuestra propia congregación (que puede llegar a ser bastante peligroso). La gracia de la predicación no implica que nunca haya una amonestación, nunca un "sermón afilado". Lutero, quien aborrecía el legalismo, predicaba "sermones afilados", como lo ilustra su sermón de 1539 "Sobriedad y moderación".

Apuntando a la piedad, la Palabra que traemos es el enemigo seguro de toda impiedad. Destruye la impiedad, para crear piedad.

Para este tipo de predicación, nosotros mismos debemos ser hombres piadosos, no sólo de una irreprochable conducta exteriormente, sino también de vivir y trabajar en la presencia de Dios, con un gran amor por él.

"Presta atención", el apóstol ordena, "para ti mismo" (1a Timoteo 4:16).

David Engelsma

Notas finales sobre la Cosmovisión Reformada

1 El tema del debate fue "¿es la doctrina de la gracia común reformada?" Mouw respondió a la pregunta de manera afirmativa. Respondiendo a la pregunta en sentido negativo fue el autor de esta sección (D. J. Englesma). El debate, en Grand Rapids, Michigan, fue ocasionada por la publicación del libro de Mouw, él brilla en todo lo que es justo: La cultura y la Gracia Común [He Shines in All That's Fair: Culture and Common Grace] (Grand Rapids: Eerdmans, 2001) y por una serie de editoriales escritos por El prof. Englesma en la revista Reformada, The Standard Bearer, en respuesta a este libro. Estas editoriales se han publicado como Gracia Común Revisada: Una respuesta a "él brilla en todo lo que es justo" de Richard J. Mouw. (Grandville, MI: RFPA, 2003). copias de audio y vídeo del debate están disponibles en inglés e la Sociedad de Evangelismo, de la Iglesia Protestante Reformada Southeast, ubicada en 1535 Cambridge Ave., S. E., Grand Rapids, MI 49506.

2 Kuyper propuso la doctrina de la gracia común de Dios como un principio fundamental del calvinismo en sus conferencias de piedra [Stone Lectures] en el Seminario Teológico de Princeton en 1898. Estos discursos fueron publicados como Conferencias sobre el

calvinismo (Grand Rapids: Eerdmans, 1953). Kuyper desarrolló su doctrina de la gracia común ampliamente en una obra de tres volúmenes, De Gemeene Gratie (Amsterdam: Hoveker y Wormser, 1902-1904). Este trabajo no ha sido traducido al inglés. La Iglesia Cristiana Reformada adoptó la doctrina de la gracia común de Dios como dogma oficial de la iglesia en su sínodo de 1924 en Kalamazoo, Michigan. Estas decisiones que describen y que adoptan la gracia común se encuentran en el idioma holandes original en el "Acta der Synode 1924 van de Christelijke Gereformeerde Kerk (N. P., sin fecha), pp. 145-147". Una traducción al inglés de "las Actas del Sínodo" de 1924 de la Iglesia Cristiana Reformada por Henry de Mots ha sido publicada por los Archivos de la Iglesia Cristiana Reformada: 1924 Actas del Sínodo de la Iglesia Cristiana Reformada llevada a cabo del 18 de junio hasta el 8 de julio de 1924 en Kalamazoo, MI, EE.UU. (Grand Rapids: Archivos de la Iglesia cristiana Reformada, 2000). Evidentemente, el editor de la traducción en inglés cuidó que las páginas de la traducción deben corresponder exactamente a las páginas del original holandés. Las decisiones que de adoptar la gracia común en esta traducción al inglés también se encuentran en las páginas 145-147. Más fácilmente disponible es la traducción al inglés de Herman Hoeksema de las decisiones de la Iglesia Cristiana

Notas Finales

Reformada sobre la gracia común en el libro de él y de Herman Hanko "Listo para dar una respuesta: Un Catecismo de Distintivas Reformadas" (Grandville, MI: RFPA, 1997), pp 63, 101, 125.

[3] *Reclaiming Occupied Territory* [La recuperación de territorio ocupado] Charles Colson, Christianity Today (agosto 2004):64.

[4] Kuyper, Conferencias sobre calvinismo, páginas. 28, 30. Cf. Peter S. Heslam, Creación de una cosmovisión cristiana: Conferencias de Abraham Kuyper sobre el calvinismo (Grand Rapids: Eerdmans, 1998), páginas 268-270: ". La doctrina de la gracia común, le proveyó a él [Kuyper] con la única solución coherente al problema del cristianismo y la cultura, y le dio un incentivo y justificación para la búsqueda cristiana activa de la renovación cultural."

[5] Building a Christian World View [Construyendo una cosmovision cristiana], ed. W. Andrew Hoffecker, associate ed. Gary Scott Smith, vol. 2 (Phillipsburg, New Jersey: Presbyterian and Reformed, 1988), p. xvi.

[6] Slouching Towards Gomorrah: Modern Liberalism and American Decline [Caminando a la ligera Hacia Gomorra: Liberalismo Moderno y la decadencia de America]. Robert H. Bork, (New York: HarperCollins, 1996).

⁷ The Revenge of Conscience: Politics and the Fall of Man. J. Budziszewski [La venganza de conciencia: La política y la caída del hombre], (Dallas, TX: Spence, 1999).

⁸ How Now Shall We Live? [¿Cómo vamos a vivir ahora?]. Charles Colson and Nancy Pearcey, (Wheaton, IL: Tyndale House, 1999).

⁹ The Christian View of God and the World as Centering in the Incarnation [la visión cristiana de Dios y el mundo como Centrado en la Encarnación]. James Orr, (Grand Rapids: Eerdmans, 1954), p. 3.

¹⁰ James W. Sire, The Universe Next Door: A Basic Worldview Catalog [el universo de al lado: Una Catálogo Básico de cosmovisiones]. 3rd ed. (Downers Grove, IL: InterVarsity Press, 1977), p. 16.

¹¹ Creating a Christian Worldview [Creando una cosmovisión Cristiana]. Heslam, pp. 88, 89.

¹² 12. Cánones de Dort, III, IV, Rechazo de Errores / 5: "El Sínodo [de Dort] rechaza los errores de aquellos ... Que enseñan: «que el hombre natural y corrompido, hasta tal punto puede usar bien de la gracia común (cosa que para ellos es la luz de la naturaleza), o los dones que después de la caída aún le fueron dejados, que por ese buen uso podría conseguir, poco a poco y

Notas Finales

gradualmente, una gracia mayor, es decir: la gracia evangélica o salvadora y la bienaventuranza misma. Y que Dios, en este orden de cosas, se muestra dispuesto por Su parte a revelar a Cristo a todos los hombres, ya que El suministra a todos, de un modo suficiente y eficaz, los medios que se necesitan para la conversión».

[13] Cánones de Dort, I / 4.

[14] Catecismo de Heidelberg, Pregunta y Respuesta. 8.

[15] Westminster Confession of Faith, [Confesión de Fe de Westminster] 10.1, in Philip Schaff, Creeds of Christendom, vol. 3 (New York: Harper & Brothers, 1877), p. 624.

[16] Lectures on Calvinism [Conferencias sobre el calvinismo], Kuyper, p. 53.

[17] Ídem, P. 78.

[18] Christian View of God and the World [visión cristiana de Dios y el Mundo], James Orr, p. 9.

[19] Catecismo Heidelberg, Día del Señor 10.

[20] Christ and Culture [Cristo y la cultura], H. Richard Niebuhr, (Nueva York, Harper & Row [Harper Torchbooks], 1975), pp. 195, 196.

21 21. Jan Karel Van Baalen, De Loochening der Gemeene Gratie: Gereformeerd de Doopersch? [la negación de la Gracia Común: ¿reformado o anabaptista?] (Grand Rapids: Eerdmans-Sevensma, 1922), p. 9 (la traducción del holandés es mía (Engelsma); el énfasis es del autor original).

22 Ídem, p. 84.

23 H. Danhof and H. Hoeksema, Niet Doopersch Maar Gereformeerd: Voorloopig Bescheid aan Ds. Jan Karel Van Baalen betreffende de Loochening der Gemeene Gratie [No anabaptista, pero reformada: Una respuesta provisional al Rev. Ene Karel Van Baalen en relación con la negación de la gracia común], (Grand Rapids, MI: Grand Rapids Printing Co., n.d.), pp. 67, 68 (La traducción del holandés al inglés es de Engelsma).

24 Herman Hoeksema, Behold, He Cometh!: An Exposition of the Book of Revelation [He aquí, El viene! Una exposición sobre el libro de apocalipsis], 2nd ed. (Grandville, MI: Reformed Free Publishing Association, 2000), p. 211.

25 The Second Helvetic Confession, 1566 [La Segunda Confesión Helvética, 1566]," Chapter XI, in Reformed Confessions of the 16th Century, ed. Arthur C. Cochrane (Philadelphia, Pennsylvania: Westminster

Notas Finales

Press, 1966), pp. 245, 246.

[26] Ídem, P. 245

[27] How Now Shall We Live? [¿Cómo vamos a vivir ahora?]. Charles Colson and Nancy Pearcey, (Wheaton, IL: Tyndale House, 1999). P. 202-307

[28] He Shines... [El brilla...], Mouw, p. 84.

[29] Ídem, P. 50.

[30] Creating a Christian Worldview [Creando de una cosmovisión Cristiana]. Heslam, pp. 134, 135.

[31] Como una refutación de la esperanza postmilenial especialmente de la Reconstrucción Cristiana, también de la expectativa de la cosmovisión de la gracia común que va a "cristianizar" las sociedades y naciones, y una defensa de la esperanza de la victoria del amilenialismo (Reformado), véase el libro de David J. Engelsma, "Christ's Spiritual Kingdom: A Defense of (Reformed) Amillennialism [Reino Espiritual de Cristo: En defensa del Amilenialismo (Reformado)]" (Redlands, CA: The Reformed Witness, 2001).

[32] Como una crítica de los "motivos reales" para la cosmovisión de la gracia común que se presenta en la obra de Mouw "El brilla..." ver Engelsma, Common Grace Revisited: A Response to Richard J. Mouw's He Shines in All That's Fair. [Gracia Común Revisada: una

respuesta al libro de Richard J. Mouw "él brilla en todo lo que es justo"].

[33] Abraham Kuyper, De Gemeene Gratie, vol. 2, p. 634. La traducción del holandés al inglés es de Engelsma). En su tratamiento del pacto con Noé, que Kuyper considerada como una de las principales bases bíblicas de su teoría de la gracia común, si no es que la principal base en la Escritura, Kuyper no solo distinguió, sino que también separo (departamentalizó) nuestra "vida espiritual de nuestra alma" de "nuestra existencia externa en el mundo y en la tierra" ('Het leven van onze Geestelijk ziel'de'onsuitwendig bestaan en de Wereld en op de aarde'). Una parte la vivimos por gracia especial; esta última la vivimos por medio de la gracia común (De Gemeene Gratie, vol. 1, p. 19).

[34] Catecismo de Heidelberg, Día del Señor 32.

[35] Common Grace [Gracia Común], Abraham Kuyper, en Abraham Kuyper: Un lector de Centennial, ed. James D. Bratt (Grand Rapids: Eerdmans, 1998), pp 176-179.

[36] Mouw, El Brilla..., p. 50. En un movimiento teológico intrigante, diseñado para establecer un objetivo cultural de Dios independientemente de su propósito con Jesucristo, Mouw establece el propósito de Dios para desarrollar una cultura piadosa en un arreglo infralapsario de los decretos divinos. En la concepción de Mouw del consejo eterno, Jesucristo es ignorado por

Dios en uno de sus dos grandes propósitos con la creación, la raza humana, y de la historia. Si esto fuera la implicación de infralapsarianismo, esta sería razón suficiente para condenar al infralapsarianismo. Jesucristo es el primero en el consejo de Dios, independientemente como el orden de los decretos es visto.

[37] "Common Grace [Gracia Común]" Kuyper, p. 183.

[38] Ídem, p. 184, 185.

[39] La inundación de esos círculos defendiendo y promoviendo la cosmovisión de la gracia común con la iniquidad e impiedad del mundo, en virtud de la teoría de la gracia común que subyace a la cosmovisión, es por esta vez masiva y generalizada. Vean la decadencia de la Universidad Libre de Ámsterdam de Abraham Kuyper, y la muerte de sus Iglesias Reformadas en los Países Bajos (GKN por sus siglas en holandés). He mencionado varios casos concretos en la Iglesia Cristiana Reformada en América del Norte y en la universidad, Calvin College, ciertamente centros de la cosmovisión de la gracia común. La gracia común juega un papel poderoso, si no decisivo, en la aprobación de la teoría de la evolución de los orígenes por parte de la Iglesia Cristiana Reformada en 1991 (véase David J. Engelsma, "Creación y Ciencia ... y la gracia común", el portaestandarte, 67, no 10, Feb. 15, 1991. 221-223, y no

11 1 de marzo, 1991. pp. 245-247). La teoría de la evolución es la iniquidad del pensamiento. el resultado de la teoría evolutiva es la iniquidad, de hecho, el salvajismo, de la conducta. A pesar de que la decisión de la Iglesia Cristiana Reformada en 1990 de abrir los oficios de pastor y anciano a las mujeres y el rechazo de autoridad del esposo en el matrimonio no mencionó la gracia común, fue en realidad una apertura al mundo impulsada por la gracia común durante muchos años, lo cual hizo el feminismo irresistiblemente atractivo para esa Iglesia. El Teólogo Cristiano Reformado Harry Boonstra, reconoce en un libro reciente que el respaldo entusiasta de Calvin College de las películas más viles y violentas de Hollywood como un asunto estándar para las raíces de sus estudiantes en la cosmovisión la gracia común de la universidad. "La universidad menuda hizo hincapié en la doctrina de la gracia común, sobre todo en el enfoque de la cultura y el aprendizaje …. uno podría aprender de … "La ley del silencio" y de …. La naranja mecánica" (Harry Boonstra, Nuestra escuela: Calvin College y la Iglesia Cristiana Reformada [Our School: Calvin College and the Christian Reformed Church], Grand Rapids: Eerdmans, 2001, p 104.). En 2002, Calvin College patrocinó un concierto en el campus del notorio grupo de cantantes lesbianas, las Indigo Girls. Cuando algunos se quejaron, la administración de la universidad defendió

Notas Finales

públicamente a la universidad por tener a las lesbianas declaradas a una casa llena de estudiantes cantando de las virtudes y los placeres de amor lésbico. La base de la defensa fue la gracia común (ver Guiles Cathy, "Calvin Debates Gracia común en la música [Calvin Debates Common Grace in Music]," Calvin College Chimes, 4 de octubre, 2002: 3). El prominente teólogo Cristiano Reformado Lewis B. Smedes ha instado públicamente a la Iglesia Cristiana Reformada a aceptar y aprobar a "las personas homosexuales que viven fielmente con votos de pareja", es decir, como Smedes mismo dijo, "matrimonio" homosexual (ver Lewis B. Smedes, "Al igual que la amplitud del mar [Like the Wideness of the Sea]," Perspectives, mayo de 1999, pp. 8-12). En un libro defendiendo la actividad y las relaciones homosexuales (el prólogo de las cuales es una calurosa recomendación del libro y mensaje del filósofo y teólogo Reformado Cristiano Hendrik Hart), un teólogo de la que antes era las Iglesias Reformadas en los Países Bajos (GKN), Pim Pronk, señala el camino que la Iglesia cristiana Reformada es probable que siga en la aprobación de "las relaciones comprometidas" homosexuales. De esta manera es la cimentación de la decisión de la benignidad de las relaciones homosexuales, no en la Biblia, pero en "revelación general". Esta es la manera en que la Iglesia cristiana Reformada ya ha ido en sus decisiones de aprobación de la evolución teísta y de las mujeres en el oficio de la iglesia con la negación concomitante del liderazgo del marido en el matrimonio. Y "revelación general" en estos contextos es la frase clave para las últimas ideas y el comportamiento de la sociedad impía, que el pensamiento y el comportamiento se atribuyen a la bondadosa obra de Dios en el mundo de los impíos, es decir, la gracia común (Pim Pronk, Against Nature? Types of Moral Argumentation regarding Homosexuality [¿contra la Naturaleza? Tipos de argumentación moral respecto a la homosexualidad], Grand Rapids: Eerdmans, 1993, especialmente pp 265-325).

[40] Niebuhr, Christ and Culture [Cristo y la cultura], pp. 206-229.

[41] Idem, páginas 196-205.

[42] Para la la contribución significativa de Bavinck a la cosmovisión de la gracia común, ver Herman Bavinck, De Algemeene Genade (Grand Rapids: Eerdmans-Sevensma, sin fecha). La obra se ha traducido al inglés por Raymond C. Van Leeuwen en el Calvin Teológical Journal 24, no. 1 (abril de 1989): 38-65.

[43]James D. Bratt, "The Dutch Schools" in Reformed Theology in America: A History of Its Modern Development [Las Escuelas holandesas, en la Teología Reformada en América: Una historia de su desarrollo

moderno, ed. David F. Wells (Grand Rapids: Eerdmans, 1985), pagian 146. La descripción tanto de la antítesis y de la teoría de la gracia común como constructora de la cultura es exacta.

[44]William D. Dennison, "utch Neo-Calvinism and the Roots for Transformation: An Introductory Essay, [neocalvinismo holandés y las raíces para la Transformación: un ensayo introductorio," Journal of the Evangelical Theological Society 42, no. 2 (junio de 1999): 284.

[45]Sean Michael Lucas, "Southern-Fried Kuyper? Robert Lewis Dabney, Abraham Kuyper, and the Limitations of Public Theology, [Southern Fried-Kuyper? Robert Lewis Dabney, Abraham Kuyper, y las limitaciones de la teología pública]", Westminster Teológical Journal 66, no. 1 (Spring 2004): 198, 199. Lucas ilustra su acusación en contra de la cosmovisión de la gracia común del neo-calvinismo de la desaparecida revista, Reformed Journal [El Periódico reformado]. La lista de causas por las que ese grupo pensó en "cristianizar" Norteamérica es una muy breve para la plataforma del ala izquierda del Partido Demócrata.

[46] Evangelicals and Catholics Together: Toward a Common Mission, [Evangélicos y Católicos Juntos: Hacia una misión común], ed. Charles Colson y Richard John Neuhaus (Dallas, Texas: Word, 1995).

Astutamente, Colson apela a la alianza político-religiosa de Abraham Kuyper con los católicos romanos para "cristianizar" a los Países Bajos a finales del siglo 19 y 20: "Kuyper forjó una coalición de compañeros calvinistas y católicos romanos holandeses dirigidos por Hermanus Schaepman. Juntos, ayudaron a la reforma moral y social de los Países Bajos" (p. 39).

[47] Hendrik Hart, "Prólogo," in Pim Pronk, Against Nature? [¿contra la naturaleza?], paginas vii-xxi.

[48] Citado en William D. Dennison, "Dutch Neo-Calvinism and the Roots for Transformation [neocalvinismo holandés y las raíces para la Transformación]", pág. 287.

[49] Para la doctrina del matrimonio que es básica para la cosmovisión cristiana tradicional, véase David J. Engelsma, Marriage The Mystery of Christ & the Church: The Covenant-Bond in Scripture and History [el matrimonio, el misterio de Cristo y la Iglesia: La Alianza-Bond en la Escritura y la historia], rev. ed. (Grandville, MI: RFPA, 1998).

[50] Un tratamiento del fin principal del llamado cultural de la mujer cristiana que corre aterrorizada ante las furias feministas de nuestros días, pero teme, al que es capaz de hechar el alma y el cuerpo en el infierno es "Far Above Rubies: Today's Virtuous Woman [Sobrepasa largamente a las piedras preciosas: la mujer

virtuosa de hoy], ed. Herman Hanko (Grand Rapids: RFPA, 1992).

[51]La importancia de la educación verdaderamente reformada en buenas escuelas cristianas se desarrolla en David J. Engelsma, "Reformed Education: The Christian School as Demand of the Covenant [Educación Reformada: La escuela cristiana como una demanda del pacto]" rev. ed. (Grandville, MI: RFPA, 2000). Capítulo 3 se titula "Reformed Education and Culture [Educación y Cultura Reformada]".

[52]Kuyper, "Common Grace [Gracia Comun]," pp. 180, 181.

David Engelsma

Próximamente

Pronto saldrá a la venta este volumen de biografías de grandes personajes del cristianismo del periodo antiguo. Este será el primer volumen de cuatro que abarcan todo el periodo de la historia de la iglesia.

Para más información visita

www.micaias.org

www.ingramcontent.com/pod-product-compliance
Lightning Source LLC
Chambersburg PA
CBHW061334040426
42444CB00011B/2912